Les "Dossiers noirs" publiés par *Agir ici* et *Survie*

Le silence de la forêt

Réseaux, mafias et filière bois au Cameroun

Agir ici et Survie

L'Harmattan
5-7, rue de l'École-Polytechnique
75005 Paris
FRANCE

L'Harmattan Inc.
55, rue Saint-Jacques
Montréal (Qc)
CANADA H2Y 1K9

L'Harmattan Hongrie
Hargita u. 3
1026 Budapest
HONGRIE

L'Harmattan Italia
Via Bava, 37
10214 Torino
ITALIE

Agir ici est un réseau de citoyens spécialisé dans l'intervention auprès des décideurs politiques et économiques des pays du Nord en faveur de relations Nord/Sud plus justes. *Agir ici* mène des campagnes d'opinion liées à l'actualité en collaboration avec d'autres associations françaises, européennes et internationales.
14 passage Dubail, 75010-Paris. Tél. (0)1 40 35 07 00. Fax (0)1 40 35 06 20.

Survie est une association de citoyens qui intervient depuis 1983 auprès des responsables politiques français pour renforcer et rendre plus efficace la lutte contre l'extrême misère dans le monde. *Survie* milite pour une rénovation du dispositif de coopération, un assainissement des relations franco-africaines, et une opposition ferme à la banalisation des crimes contre l'humanité.
57 avenue du Maine, 75014-Paris. Tél. (0)1 43 27 03 25. Fax (0)1 43 20 55 58.

Agir ici et ***Survie*** mènent régulièrement des campagnes conjointes pour “ramener à la raison démocratique” la politique africaine de la France. Elles ont émis une série de propositions pour en refonder la crédibilité, et les actualisent. Elles s’associent dans ces campagnes à une vingtaine d’associations françaises.

Les "Dossiers noirs"
(chez L'Harmattan)

1 - *Rwanda : la France choisit le camp du génocide.*
2 - *Les liaisons mafieuses de la Françafrique.*
3 - *France, Tchad, Soudan, à tous les clans.*
4 - *Présence militaire française en Afrique : dérives...*
5 - *Les candidats et l'Afrique : le dire et le faire.*
(Regroupés en un seul volume, avec index. Janvier 1996, 383 p.)

6 - *Jacques Chirac et la Françafrique. Retour à la case Foccart ?* (Novembre 1995, 111 p.).

7 - *France-Cameroun. Croisement dangereux !* (Juin 1996, 95 p.).

8 - *Tchad, Niger. Escroqueries à la démocratie.* (Octobre 1996, 111 p.).

9 - *France-Zaïre-Congo, 1960-1997. Échec aux mercenaires.* (Juin 1997, 175 p.).

10 - *France-Sénégal. Une vitrine craquelée.* (Octobre 1997, 71 p.).

11 - *La traite et l'esclavage négriers*, Godwin Tété. (Juin 1998, 62 p.).

12 - *La sécurité au Sommet, l'insécurité à la base...* (Novembre 1998, 254 p.).

Extraits du Dossier noir n° 12 - *Trafics, barbouzes et compagnies... Aventures militaires françaises en Afrique* (1999, 124 p.).

13 - *Projet pétrolier Tchad-Cameroun. Dés pipés sur le pipe-line.* (Juin 1999, 63 p.).

Autre publication d'*Agir ici* et *Survie*

L'Afrique à Biarritz. Mise en examen de la politique africaine de la France (Actes du "Contre-sommet" des 8 et 9 novembre 1994). Karthala, 1995, 168 p.

ISBN : 2-7384-9631-8

Sommaire

Principaux sigles

AFD : Agence française de développement (ex-CFD)
API : Aménagement pilote intégré
AVEICO : *Avembe International Co*
CAS III : Troisième Crédit d'ajustement structurel
CBN : *Canadian Bank Note International*
CEDEAO : Communauté économique des États de l'Afrique de l'Ouest
CEMAC : Communauté économique et monétaire de l'Afrique centrale
CERAC : Cercle des amies du Cameroun
CFA : Communauté financière africaine
CFC : *Compagnie forestière du Cameroun*
CFD : Caisse française de développement
CFE : *Compagnie forestière de l'Est*
Cimencam : *Cimenteries du Cameroun*
COFA : *Compagnie forestière d'Assam*
CRTV : *Camèroun Radio Télévision*
CSTC : Confédération syndicale des travailleurs du Cameroun
DGSE : Direction générale de la sécurité extérieure
EFMK : *Exploration forestière Miguel Khoury*
FCFA : Franc CFA
FF : Franc français
FIBA : *Banque française intercontinentale*
FODDI : *Société forestière de Doumé-Dimako*
GICAM : Groupement interpatronal du Cameroun
GTZ : Agence allemande de développement
HLM : Habitation à loyer modéré
IBC : *Industrie du bois camerounais*
LdC : *La Lettre du Continent*
MINEF : Ministère de l'Environnement et des Forêts
OFRDPC : Organisation des femmes du RDPC
ONG : Organisation non-gouvernementale
ONU : Organisation des Nations unies
OPIC : *Overseas Private Investment Corporation*
PIB : Produit intérieur brut
PMU : *Pari mutuel urbain*
PMUC : *Pari mutuel urbain du Cameroun*
RDPC : Rassemblement démocratique du peuple camerounais
SAB : *Société africaine des bois*
SAB : *Société africaine des bois du Mbam*
SDV : *Scac Delmas-Vieljeux*
SEBC : *Société d'exploitation des bois du Cameroun*
SEFAC : *Société d'exploitations forestières et agricoles du Cameroun*

SEFIC : *Société d'exploitation forestière industrielle du Cameroun*
SEFIL : *Société d'exploitation forestière et industrielle du Littoral*
SEM : Société d'économie mixte
SEPBC : *Société d'exploitation des parcs à bois du Cameroun*
SESAM : *Société d'exploitation forestière de la Sangha-Mbaéré*
SFCS: *Société forestière de commerce et de services*
SFDB : *Société forestière du Dja et de la Boumba*
SFI : Société financière internationale
SFID : *Société forestière et industrielle de la Doumé*
SGS : *Société générale de services*
SIBAF : *Société industrielle des bois africains*
SIGIF : Système informatique de gestion de l'information forestière
SIM : *Société industrielle de Mbang*
SN-COCAM : *Société nationale des contreplaqués du Cameroun*
SNTRC : Syndicat des transporteurs routiers du Cameroun
SOFACAM : *Société forestière et agricole du Cameroun*
SOFIB : *Société forestière et industrielle de Bojongo*
SOPECAM : *Société de presse et d'édition du Cameroun*
SPNP : *Société des plantations de Njombé-Penja*
TDA : Trade and Development Agency (Agence du commerce et du développement, USA)
TIB : *Transformation industrielle du bois*
TTP : *Timber and Tyre Products Ltd*
UDEAC : Union douanière et économique d'Afrique centrale
UFA : Unité forestière d'aménagement
UNESCO : Organisation des Nations unies pour l'éducation, les sciences et la culture
UPC : Union des populations du Cameroun
UTC : *United Transport Cameroon*
UTC : *Universal Timber Company*
WTK : *Wong Tuong Kwang*
WWF : *Worldwide Fund for Nature*

Avant-propos

Moins connue que l'exploitation pétrolière, l'exploitation des produits de la forêt (caoutchouc, bois) fut, historiquement, au cœur de la relation coloniale. Elle en a constitué l'un des modes les plus violents à travers l'esclavage puis le travail forcé inhumain. Celui-ci a provoqué, en plusieurs pays d'Afrique centrale, une nouvelle saignée démographique.

Le travail forcé a été aboli voici un demi-siècle dans l'Empire français, mais l'exploitation forestière s'est poursuivie sans discontinuer. Même après la "décolonisation", une tradition de violence et de délinquance a subsisté. Nous sommes heureux de publier sur ce sujet une investigation de première main. Le lecteur n'aura pas de mal à en saisir toute la difficulté. Une ambiance est restituée, dans un pays, le Cameroun, classé parmi les plus corrompus de la planète. Comme nos autres dossiers, ce livre invite, bien entendu, à des enquêtes plus approfondies.

À partir de ce n° 14, la collection des *Dossiers noirs de la politique africaine de la France* s'intitulera plus sobrement *Dossiers noirs*. Non que soient abandonnées les questions de politique franco-africaine (au cœur, par exemple, du dossier n° 15 sur *Bolloré*, publié en octobre 2000). Mais il est apparu souhaitable, dans certains cas, d'élargir à d'autres ingérences l'examen des agressions et exploitations commises contre l'Afrique. Ainsi dans ce dossier, des Libanais, Italiens et Américains entreront en scène avant les acteurs français. L'on y verra encore des Malaysiens, des Israéliens, des Canadiens, des Espagnols... La "Françafrique" tend en effet à s'inscrire, hélàs, dans des réseaux plus vastes.

Agir ici et Survie

Douala, 7 mai [1926]
« *Quel hôtel !... Et quels blancs ! Laideur, bêtise, vulgarité...* »

André Gide, *Le Retour du Tchad*

Samedi 25 janvier [1958]
« *J'ai rêvé que l'on abattait des arbres, mais ce n'était pas moi qui les abattais.* »

Ruben Um Nyobé, secrétaire général de l'Union des populations du Cameroun (UPC), extrait du journal retrouvé après son assassinat le 13 septembre 1958 dans la forêt de la Sanaga-maritime.

I

Les Libanais :

Nature morte

Le matin du 9 mai 1998 une DS jaune citron surgit avec une heure et demie de retard devant la porte d'honneur de l'hippodrome de Vincennes. Elle débarque Chantal Biya, tout sourire, une femme énorme avec des yeux minuscules. Tous dans l'assistance – la *nomenklatura* camerounaise, la sécurité israélienne et française, les chevaliers enturbannés du *lamido* de Rey Bouba – savaient que le retard était intentionnel, pour rendre l'entrée plus grandiose. Si quelqu'un en était gêné, tout le monde en savait assez pour ne pas le montrer. La présidente d'honneur du IVème Grand prix de l'Amitié France-Afrique était parfaitement dans son élément : comme tous les invités le savaient aussi, la seconde épouse de Paul Biya est *toujours* parfaitement dans son élément. Selon *La Lettre du Continent*, la course était « un hommage du PMU *[Pari mutuel urbain]* français aux millions de turfistes africains qui parient tous les jours leurs francs CFA – sans visa – sur les "canassons" de leurs cousins français ». L'organisation caritative de la Première dame, la Fondation Chantal Biya, allait recevoir une généreuse part des gains[1].

C'est un secret de Polichinelle – comme la plupart des secrets en Afrique centrale : le PMU du Cameroun (PMUC) a moins à voir avec les courses hippiques qu'avec la libre circulation d'argent, de gros paquets, entrant et sortant du pays. En 1999, les Africains ont parié 1,5 milliards de francs français sur les courses hippiques hexagonales. 263 millions ont été déboursés par les Camerounais, les plus actifs contributaires après les Ivoiriens[2]. Le contrat de concession de 1994 entre le PMUC et le gouvernement camerounais est un modèle d'hospitalité

1. *La Lettre du Continent* (*LdC*), 26/03/1998.
2. En 1998, les "cousins" camerounais du PMU représentaient 235 millions FF de son chiffre d'affaires.

africaine. L'article 23 stipule : « L'État du Cameroun garantit au PMUC le bénéfice de la liberté de circulation et de transfert des capitaux issus de l'exécution de la présente concession, ainsi que la liberté de contracter à l'étranger les emprunts nécessaires à la satisfaction de ses engagements au Cameroun ». L'article 25 énonce : « Lorsque le PMUC estime qu'une mesure administrative d'application qui lui a été notifiée va à l'encontre de la présente concession, il est fondé à demander que ladite mesure ne lui soit pas appliquée ». Traduction : « Ne jouez pas avec nous ».

Le fait que le PMU en Afrique soit un écran pour le blanchiment d'argent est généralement reconnu depuis longtemps. Il a été remarqué plus récemment, et peut-être plus officiellement, par Éric Danon, sous-directeur de la Sécurité au ministère français des Affaires étrangères, et futur directeur de cabinet du ministre de la Coopération Charles Josselin. Dans un discours au Centre des hautes études sur l'Afrique et l'Asie modernes (CHEAM), Danon a affirmé que l'Afrique était en passe de devenir « *une plaque tournante majeure* » pour le trafic de drogue et un « *nouveau havre* » pour l'argent sale. « *Les différents marchés de matières premières ou secteurs de l'économie* », a-t-il déclaré, « *peuvent de la sorte permettre de convertir en toute quiétude de l'argent liquide d'origine douteuse en actifs licites : les hôtels,* [...] *les casinos,* [...] *le PMU et la loterie,* [...] *les pêcheries,* [...] *les bureaux de change,* [...] *les banques commerciales* [...] *et le commerce d'import-export* [...] *remplissent cette fonction quasiment de notoriété publique*[3] ». La franchise d'Éric Danon est louable, mais à éclipses, comme la conversation des convives au déjeuner de l'Hippodrome, à 1 200 francs le plat. Ceux-ci ont évité de commenter le graffiti rouge vif qui décorait la voie d'accès au bois de Vincennes – "Libérez Pius Njawé !", une référence au rédacteur en chef du plus important journal indépendant camerounais, que le mari de Chantal avait jeté en prison quelques mois plus tôt pour avoir émis des doutes sur son état de santé. Danon, en proposant sa carte des marchés

3. *LdC*, 18/02/1999.

noirs, a curieusement oublié de mentionner l'un des plus sales et des plus visibles du continent : le trafic du bois.

Khoury

Le siège du PMUC à Yaoundé, situé dans le quartier branché Omnisports, est l'une des propriétés appartenant au milliardaire forestier libanais Paul Khoury. La somptueuse villa de Khoury est séparée du bureau par un champ de hautes herbes *Bokassa*, parsemé d'antiques engins *Caterpillar* pourrissants. Quel est le rapport exact entre le PMUC et Khoury, dont un autre immeuble dans le quartier abrite le service des Impôts de la province du Centre ? Nul ne sait. Mais derrière les portes fermées des habitations qui se partagent le sommet de la colline Khoury, les gens remuent tristement la tête, répétant la rumeur insistante : « *Khoury ? La drogue et les armes. Et la prostitution* ». Calomnie ? Sur le portail de l'intéressé, un panneau n'invite pas au rapprochement des points de vue : "Chien très méchant".

En volume de production annuelle, Paul Khoury, c'est de la petite friture (36 000 m^3 de bois en 1997). Son frère Miguel, lui, c'est autre chose. Habitant également la capitale depuis longtemps, il possède plusieurs sociétés dont SABM, EFMK et la COCAM (une entreprise publique privatisée au début des années quatre-vingt-dix) ; il a débuté comme coiffeur du premier président du Cameroun, Ahmadou Ahidjo. Il y a trente ans, son client satisfait lui a offert une immense forêt d'essences exceptionnellement précieuses, au nord-ouest de Yaoundé. Une fois riche, Miguel Khoury s'est rapidement insinué dans les bonnes grâces du célèbre chef de la police secrète, Jean Fochivé, du ministre de l'Administration territoriale, Gilbert Andzé Tsoungi, et d'un grand nombre de députés du parti au pouvoir...

Au fil des ans, sur les sites d'exploitation, le clan Khoury ne s'est pas distingué par sa sensibilité au développement durable. En 1975, les habitants de l'arrondissement de Ngoro ont adressé une plainte à la société, dénonçant l'absence totale d'œuvres sociales, et demandant à *Khoury* de « rationaliser son pillage ».

Une vague d'arrestations et de détentions a suivi. En 1995, les habitants ont communiqué leurs revendications à la sourde oreille du gouverneur de la province du Centre, Oumarou Koué – un actionnaire de *Khoury*. *Le Messager* a collecté sur le terrain opinions et témoignages :

> « Regardez vous-même l'état des routes. Pour venir de Bafia à Ngoro, il y a moins de 50 km. En saison pluvieuse, on met deux à trois jours [...]. C'est inadmissible pour une région où on a coupé le bois pendant plus de 25 ans [...]. À Ngoro, il n'y a qu'un dispensaire opérationnel, celui des religieuses [...]. On a vu des hommes de trente à quarante ans mourir d'une hernie étranglée ou de fièvre parce qu'il n'y avait pas eu moyen de traverser le fleuve Mbam [...]. Les Khoury sont des colonialistes sans foi ni loi ; je dirai même des esclavagistes [...]. Depuis qu'*[ils]* coupent le bois chez nous, il n'y a eu aucune réalisation. Ils nous défendent même les déchets de bois pour le chauffage. Ils préfèrent les brûler dans leur chantier en pleine forêt. Ils nous mettent dans un état de pauvreté inqualifiable. Non seulement ils ne créent pas de routes ni de ponts [...], mais le bruit de leurs engins a chassé les gibiers de la forêt[4] ».

Le 1er septembre 1995, Azar Khoury, le frère cadet de Miguel, accepta les revendications formellement présentées par les habitants de Ngoro lors d'une réunion présidée par le préfet de Bafia. Les revendications comprenaient : l'électrification du village, la création et l'entretien de routes, la construction d'une mairie, l'embauche des jeunes du village, la création d'une déchetterie de bois accessible au public, et la mise en place d'un programme de reboisement. Trois ans plus tard, pas une seule de ces demandes n'avait été satisfaite. En juillet 1998, après qu'Azar eût essayé (en corrompant un responsable local du ministère de l'Environnement et des Forêts, [MINEF][5]) de saisir un chargement de grumes[6] coupées par le chef supérieur du village, Katou Ndengue, cinq cents villageois et plus de cent employés de *Khoury* organisèrent un *sit in* pacifique devant la scierie de Ngoro. Le clan Khoury aurait aussitôt payé 25 millions de francs CFA[7] au gouverneur et au commandant de Légion le colonel Baleguel (ce dernier également actionnaire de *Khoury*)

4. *Le Messager*, 26/06/1995.
5. Source de l'auteur.
6. Bois brut à l'état naturel, tel qu'il est abattu.
7. Source de l'auteur.

pour dépêcher sur les lieux un contingent de gendarmes avec ordre de tuer le meneur et d'arrêter cinq de ses proches. Le 20 juillet, 200 militaires bien armés ont fait une descente musclée au village, ils ont lancé des grenades lacrymogènes et bastonné les manifestants. Un enfant est tombé dans le coma. L'homme à abattre a pu s'échapper de justesse dans la forêt[8].

Les soldats avaient été déposés devant les portes de l'entreprise grâce à un bus de la société privée "Amigo Voyages", qui a apparemment des "amigos" bien placés. Le 8 juin 1999, le tribunal de première instance de Bafia a condamné le journal indépendant *La Nouvelle Expression* à verser la somme de 83 millions de FCFA (830 000 FF) à cette firme pour « diffamation et propagation de fausses nouvelles », après qu'il eut publié un article attirant l'attention sur la soudaine richesse de son jeune directeur. L'auteur de l'article, Souley Onohiolo, et le directeur de publication, Séverin Tchounkeu, ont tous deux été condamnés à quatre mois de prison après un procès par contumace – « *à la Kafka* » selon Tchounkeu[9].

Les rédacteurs du numéro 1996-97 du magazine sur papier glacé *Yaoundé Hilton* ont, pour leur part, peu de risques de se voir traînés en justice. Tout d'abord, ce document de 62 pages ne contient pratiquement aucun texte. Gonflé d'images de chambres beiges et de draperie du début des années quatre-vingt, de chefs cuisiniers posant avec homards et pâtisseries, et de petits enfants blancs gambadant au bord de la piscine, sa fonction semble seulement de vanter à ses clients cet établissement bâti par les Israéliens. Mais, entre une photo des courts de tennis vides et une annonce intitulée « Sauna, bain de vapeur, massage... », se distingue forcément une pleine page de publicité pour le groupe Miguel Khoury – plusieurs tas de grumes sous un ciel sans nuages.

---

8. En 1998, le rapport annuel du Département d'État américain sur les droits de l'Homme mentionnait, au chapitre Cameroun, en se gardant bien de citer des noms : « *[Le 20 juillet]*, des gendarmes ont brutalisé beaucoup de gens à Ngoro, une petite ville de la province du Centre, après une confrontation sur les conditions des contrats de travail entre les habitants et les propriétaires d'une compagnie d'exploitation forestière ».
9. *Mutations*, 30/07/1999.

En face, sur une autre page, on peut lire un reportage intitulé « La forêt, une richesse d'avenir ». L'article, non signé, précise : « L'exploitation forestière a de plus en plus mauvaise presse depuis quelques années. Certains lobbies écologistes ou de protection de l'environnement, surtout des pays anglo-saxons, dénoncent le saccage des forêts tropicales, avancent des chiffres alarmants sur la déforestation africaine ». Mais, poursuit le texte, « loin de désarmer, les producteurs africains avancent des arguments sur le terrain même des écologistes ». Un expert dont le nom n'est pas cité explique : « *L'exploitation de la forêt africaine n'a rien à voir avec celle qui se fait en Asie du Sud-Est* [...] *où il n'y a aucun garde-fou* ». Le prochain numéro nous dira-t-il à quel lobby appartient Miguel Khoury, et quels sont exactement les garde-fous au Cameroun [10]?

Ce magazine, produit par la société *Synergie*, membre du réseau Afrique de *Saatchi & Saatchi*, est l'œuvre d'une certaine Elissar Wolber, femme du tout-puissant avocat de Yaoundé Gérard Wolber, conseiller du commerce extérieur de la France. L'une des éminences de la Françafrique au Cameroun, Wolber ne tourne pas autour du pot : « *Oui, je fais du lobbying* », a-t-il déclaré à *Jeune Afrique Économie* en 1990 [11]. « *Si quelqu'un vient me demander comment faire pour étendre les activités de sa société au Cameroun, j'estime de mes attributions de lui ouvrir des portes, de faciliter la signature de contrats avec l'administration, je l'aide* [...] *avec la qualité de mes contacts* ». L'épouse de Wolber est la nièce du sultan des Bamoun, un contact de très haute qualité – membre influent du bureau politique du parti au pouvoir, le RDPC, et l'un des alliés les plus proches de Paul Biya [12]. Le Sultan est aussi le propriétaire de la Société d'exploitation forestière du Noun, basée à Massangam, à quelques kilomètres de la société de Khoury – à Ngoro.

---

10. Il serait également très instructif de savoir avec qui Miguel Khoury commerce en Libye, où il a envoyé 1 500 m^3 de bois depuis 1995, pour une valeur supérieure à 185 millions de FCFA.

11. *Jeune Afrique Economie*, 12/1990.

12. Depuis l'indépendance et jusqu'à très récemment, les Bamoun dirigeaient les services spéciaux camerounais.

Connexions françaises

Étant donné son affection pour les strates les plus hautes du régime Biya et ses liens avec le PMUC, il serait surprenant que le clan Khoury ne compte pas, parmi ses plus proches amis, l'ex-ministre français de l'Intérieur et président du Conseil général des Hauts-de-Seine, Charles Pasqua. Depuis le début des années quatre-vingt-dix, les liens éventuels entre Pasqua et le demi-monde corse ont fait couler beaucoup d'encre. « Ce sont des amis de Charles Pasqua [...], les frères *[Robert et Charly]* Feliciaggi, qui ont monté l'activité la plus lucrative de ces dernières années dans la zone franc : la loterie nationale, le *Pari mutuel urbain* (PMU) et les casinos[13] ».

Le 17 septembre 1998, Pasqua dînait avec Biya au palais d'Etoudi. *Le Messager* écrit :

> « Il dit (sacrée langue de bois diplomatique) avoir discuté [...] des questions aussi importantes que la paix et la sécurité, la crise asiatique, l'avenir du franc CFA [...]. Généreux prétextes que Charles Pasqua a utilisé pour régler au passage des affaires privées [...]. En mettant le gant d'ami de l'Afrique, Charles Pasqua est venu obtenir auprès de Paul Biya, des garanties sur les avantages exclusifs accordés au PMUC. En effet, la concurrence actuelle dans le secteur des jeux de hasard, avec l'avènement de la Lotolec et du Cameroon Foot Pools, menace la prospérité du PMUC [...]. Les pressions que subit actuellement le directeur général de la *[télévision publique]* CRTV, M. Gervais Mendo Zé, pour arrêter la diffusion des tranches publicitaires de la Lototec et du Cameroon Foot-Pools, participent de cette volonté d'encerclement du marché des jeux de hasard par le PMUC [...]. Le 23 juin dernier déjà, des manifestants furieux de l'élimination du Cameroun de la Coupe du monde de football s'étaient attaqués à

13. Cf. Antoine Glaser et Stephen Smith, *L'Afrique sans Africains*, p. 124. Récemment « intronisé [ ] à Ajaccio par Charles Pasqua comme patron local du Rassemblement pour la France (RPF) », Robert Feliciaggi « est devenu le principal "client" avec Elf de la si discrète FIBA (Banque française intercontinentale). De son côté, Charly Feliciaggi a de nombreuses activités d'import-export : il assume ainsi en Angola l'approvisionnement de la garde présidentielle » (*LdC*, 14/10/1999). La concurrence n'a pas de chance : « Mardi 11 mai 1999, vers 8 heures du matin, Serge Leynaud, qui était au volant de son Audi sur la route de l'Uzès, a eu un accident avec une moto. Celle-ci n'a pas heurté l'Audi, mais les cinq balles de 38 tirées par le passager ont bien touché leur cible… Exit Serge l'Africain, propriétaire de casinos au Cameroun et en Côte d'Ivoire [ ], un proche de "Francis le Belge" *[et]* ancien lieutenant d'Albert Spaggiari, fiché lui-même comme le "parrain" de la mafia nîmoise ». Il semble que, « protégée localement par un "super flic", Mbodi, la "famille" corse a le projet d'ouvrir à Douala un vaste complexe casino-discothèque, à deux pas de son concurrent, le Casino de l'Estuaire [ ], propriété de feu Serge Leynaud » (*LdC*, 20/05/1999).

Yaoundé aux installations du PMUC, alors considérées comme l'un des visages odieux de l'exploitation du Cameroun par "les blancs" [14]».

Le nom du casino du Hilton est ... "El Blanco". Quand il est au Cameroun, Pasqua met les chevaux au dessus de tout. Ainsi, en mai 1998, après avoir promis de se rendre à Foumban, capitale des Bamoun, « dans le cadre de la coopération décentralisée avec cette ville », il a annulé cette visite au dernier moment lorsqu'il a appris que le fils du Sultan travaillait pour un des concurrents du PMUC [15].

Deux jours après la course du IVème Grand prix France-Afrique, le Premier ministre Peter Mafany Musonge signait le décret 98-122 PM « portant création et fixant les modalités de fonctionnement et de gestion des fonds prévus dans le contrat de concession conclu entre l'État du Cameroun et le Pari mutuel urbain camerounais ». Les revenus du PMUC, déclarait avec contentement Musonge, seraient affectés à trois fonds : « *Le fonds des courses et d'élevage du cheval* [ayant] *pour objet l'amélioration, le développement et l'organisation de l'élevage du cheval* [...]. *Le fonds de solidarité* [...] *destiné à contribuer au financement des projets de formation professionnelle et d'insertion des jeunes et des diplômés du système scolaire dans les circuits économiques* [...]. *Le fonds d'action sanitaire et sociale* [ayant] *pour finalité de contribuer au financement des programmes destinés à l'aide aux personnes du troisième âge, aux démunis et à l'action sanitaire, sociale, sportive et culturelle* ».

Mieux vaut tard que jamais. Le décret a été émis pas moins de quatre ans après le démarrage du PMUC. En novembre 1993,

---

14. *Le Messager*, 20/09/1998.

15. Pasqua apprécie de faire des affaires avec les Libanais d'Afrique. Au Gabon, son plus proche allié, mis à part Omar Bongo, est le magnat chiite Hassan Hejeij. « Entre 1991 et 1993, le conseil général des Hauts-de-Seine, dont [ ] Pasqua est le président, va financer pour plus de 40 millions de francs de travaux *[au Gabon]* à travers une société d'économie mixte, *SEM Coopération 92*, qui gère 1% du budget du département. Parmi la quinzaine d'actionnaires de cette structure, figurent, outre la Caisse des dépôts et l'Office des HLM, Elf-Aquitaine, Bouygues, la Générale et la Lyonnaise des eaux, la firme de négoce Sucres et denrées [ ]. Les firmes des Hauts-de-Seine ont soumissionné à trois reprises aux appels d'offres. Aucune n'a été retenue. Chaque fois, c'est la même société qui a remporté les marchés, celle d'Hassan Hejeij... "*Cela nous a surpris*, témoigne un opérateur recalé. *La société d'Hassan n'avait pas les qualifications requises pour construire des ponts. En France, elle n'aurait pas pu soumissionner*" » (Éric Fottorino, *Le Monde*, 03/03/1995).

un comité avait été chargé de la création de ces mêmes fonds, mais il avait été dissout en juin de l'année suivante – le même mois, curieusement, que la signature du contrat de concession. Il serait intéressant de savoir par quel trajet exactement la contribution caritative du Grand prix de 1998 a rejoint les comptes de la Fondation Chantal Biya – laquelle n'a reçu le statut d'utilité publique qu'un an plus tard. Et comment se fait-il que l'association de la Première dame ait reçu ce statut[16] sans avoir existé pendant les cinq ans préliminaires exigés par la Loi de 1990 sur les associations[17] ?

1998 fut une bonne année pour Paul Khoury. Il a vendu sa scierie de Nanga Eboko, pour une somme non révélée, à une société forestière italienne portant le nom très particulier de "*Real Estate*" ("Immobilier"), dont le siège se trouve à Monaco[18]. Pascal, le fils de Paul Khoury ne s'est pas mal débrouillé non plus. Mais il est difficile de savoir où Pascal Khoury a pu trouver les 350 millions de FCFA qu'il a utilisés pour construire une scierie à Mbalmayo (il sera officiellement agréé à la profession d'exploitant forestier seulement deux ans plus tard, le 9 novembre 1998). Ou bien de savoir dans quelle branche d'affaires il travaillait à cette époque.

---

16. Par décret n° 99/098 du 3 mai 1999, signé par son mari.

17. Une source des revenus de la filiale la plus connue de la Fondation, le Cercle des amies du Cameroun (CERAC), est un financement de 14 milliards de FCFA que la Banque islamique de développement a mis à la disposition du Cameroun pour son programme de lutte contre la pauvreté. Pour recevoir la délégation du CERAC à Maroua en janvier 2000, de mauvaises langues ont estimé que les élites locales auraient dépensé quelque 50 millions de FCFA ; les produits alimentaires distribués par les bonnes âmes avaient une valeur d'environ 15 millions de FCFA. Pour "accueillir" la délégation du CERAC à Bertoua en mai 2000, les sociétés forestières de l'Est auraient contribué pour des millions de FCFA chacune (*La Nouvelle Expression*, 19/06/00). Un autre des bienfaiteurs de la Fondation est un certain Conseil international du sport militaire , en octobre 1999, le général français Rémi Simonet, membre du Conseil, « est venu remettre *[au siège social à Yaoundé]* des dons de matériel de restauration avec deux représentants de la compagnie aérienne Air France, ainsi que des lots de médicaments, de vêtements pour enfants, deux respirateurs artificiels et cinq pousse-seringues électriques » (*Afrique Magazine*, 11/1999). Depuis 1998, les relations publiques de la Fondation sont entre les mains sûres de Claude Marti, ancien faiseur d'image de plusieurs dictatures africaines dont celles du Togolais Gnassingbé Eyadéma, du Guinéen Lansana Conté, du Gabonais Omar Bongo et de Paul Biya.

18. Le prince Rainier de Monaco finance un orphelinat pour la Fondation Chantal Biya – dont le statut d'utilité publique permet des importations hors taxes.

Hazim

Le Cameroun ne manque pas d'exploitants forestiers libanais. L'un des plus connus est Dabadji Tarek Khalil – qui est devenu exploitant en 1992 et, deux ans plus tard, a construit une scierie de 3 milliards de FCFA à Yokadouma, à 1 000 km du port. Entre 1990 et 1996, sa *Compagnie forestière de l'Est* (CFE) aurait acquis quelque 200 nouveaux camions grumiers[19] pour environ 100 millions de FCFA l'unité. Étrangement, la CFE a un bureau à Ngaoundéré, qui se trouve à 300 km de la forêt la plus proche. Dabadji, dont la famille vit au Cameroun depuis 50 ans, est subitement devenu citoyen camerounais le 26 août 1998, mais sa demande de naturalisation n'était pas forcément motivée par l'amour de son pays adoptif. La Loi forestière de 1994 réserve aux seuls Camerounais les ventes de coupe[20] situées dans les forêts domaniales.

Feu El Hadj Fadoul était un autre grand patron libanais. Cet ami d'Ahidjo s'est vu attribuer l'usine publique de contreplaqué *Sofibel* au début des années quatre-vingt-dix. Depuis la privatisation, la production de son usine n'avait toujours pas redémarré.

Mais Hazim Hazim Chehade est, de loin, le plus grand nom dans l'exploitation de la forêt camerounaise par des Libanais. C'est aussi le consul du Liban à Yaoundé. Ses pratiques commerciales ainsi que son passé sont un peu obscurs. Un rapport de 1999 portant sur le secteur de la transformation du bois au Cameroun, commandé par le MINEF à l'économiste français Jean-Christophe Carret (que même le plus méfiant des industriels ne saurait prendre pour un écolo) semble avoir beaucoup de mal à cadrer le personnage :

> « Sa trajectoire est remarquable. Au début des années 80, il s'est lancé dans l'exploitation forestière. Dans les années 90, il est devenu le plus gros exportateur de grumes. Avant 1994, et ce malgré la réglementation qui imposait un taux de transformation de 60 %, il ne possédait aucune usine de transformation du bois. Cinq ans plus tard, il possède quatre usines : trois scieries, dont une est encore en construction, les deux autres étant équipées de séchoirs, et une usine de

---

19. Camion transporteur de grumes.

20. Un permis d'un ou trois ans accordant à l'exploitant le droit de couper une parcelle de 2 500 ha.

déroulage [...]. Hazim a aussi construit, au cours de la même période, une usine de fractionnement, de raffinage et de mise en bouteille de l'huile de palme. Cette usine [...] fabrique en plus du savon et des bougies »[21].

Tout à fait « remarquable ». En l'espace de quatre ans, Hazim a investi 6,3 milliards de FCFA (63 millions de FF) dans de nouvelles scieries, sans compter celle qui était encore en cours de construction au moment où Jean-Christophe Carret écrivait son rapport. Il faut ajouter à cela ses investissements dans ses activités forestières *principales* – exploitation, transport, négoce – et dans son usine de transformation de l'huile de palme (un investissement supplémentaire de 3 milliards de FCFA en 1999). Cet entrepreneur ne semble pas, décidément, avoir de problème de financement.

En 1992, les tronçonneuses d'Hazim arrivent dans les forêts autour de Lomié, misérable village colonial, à la limite est de la réserve naturelle du Dja, un site classé patrimoine mondial par l'UNESCO. Une ONG locale commente :

> « Les populations, ne maîtrisant pas les contours de l'activité forestière et des limites de la réserve, ont dû subir, de façon muette, les exagérations de l'exploitant forestier rusé, plus informé avec des moyens financiers énormes [...]. Des conflits internes entre familles voire entre frères ont été régulièrement entretenus pour faciliter la coupe [...] et éviter ainsi que la population puisse parler d'une seule voix [...]. Les "dons" de l'exploitant pour les deux ventes de coupe pouvaient se résumer en : nivellement d'un terrain de football, quelques dames-jeannes de vin rouge, des sacs de riz et de sel, quelques cartons de maquereaux, un jeu de maillots et deux ballons, de l'argent en espèces : environ 500 000 CFA »[22].

En France, les placages en bois camerounais sont vendus jusqu'à 20 000 FF (2 000 000 FCFA) *le mètre cube*. Les cadres d'Hazim avaient un penchant particulier pour recruter les pygmées Baka du coin, et pour extraire de la région les moabis – des arbres dont les graines sont utilisées par les Bantou et les Baka pour la production d'huile alimentaire. Le gaspillage pratiqué par ses diverses sociétés-écrans était, même au regard des standards du pays, « remarquable » : les gens du village ne

---

21. *Industrialisation de la filière bois au Cameroun*, 1999.
22. Document de l'auteur.

pouvaient pas ne pas constater les centaines de billes abandonnées, pourrissant en forêt. Et ils ont aussi constaté où habitait l'homme de main d'Hazim : dans la villa californienne de l'élite locale Jean-Marie Aleokol, secrétaire général de la Défense. Leur relation allait s'avérer fructueuse.

En 1998, Hazim décide de construire une scierie à un kilomètre de Lomié et se voit accorder un site occupé par un village baka de 200 habitants. Bien sûr, « la communauté Baka n'a été au courant de cette décision qu'au moment où les engins lourds ont entamé les dégagements [...] détruisant ainsi impunément leurs cultures, leurs maisons et plusieurs tombes de leurs parents. Devant le désarroi des Baka, l'exploitant forestier et l'autorité traditionnelle utilisent l'argument selon lequel c'est dans l'optique de leur construire des maisons encore plus belles au bord de la route ». Finalement, après que les bulldozers d'Hazim aient gagné un peu d'attention internationale, il accepte de trouver un autre terrain où construire son usine.

Aujourd'hui opérationnelle, la scierie est située au sommet d'une jolie colline, à trois kilomètres de la limite de la réserve naturelle. Les matériaux de construction pour l'édifice sont arrivés dans la forêt sur de clinquants camions Mack blancs à seize roues. Tout forestier sait que la firme Mack (une filiale de Renault) fabrique le modèle de grumier le plus coûteux. Qui donc est le transporteur qui a autant d'argent à flamber ? Franck Emmanuel Biya semble-t-il, le fils du Président.

Il est un peu bizarre qu'Hazim, dont les forêts dans cette région s'amenuisent rapidement, ait choisi Lomié comme site de sa quatrième scierie. Mais la bizarrerie ne reçoit pas beaucoup d'attention médiatique. En novembre 1997, au cours de la vente aux enchères d'Unités forestières d'aménagement (UFA)[23], Hazim n'a rien obtenu dans les environs de Lomié. Mais l'heureux gagnant de 46 922 hectares juste à l'est de la réserve était une entité appelée Société forestière du Dja et de la Boumba (SFDB). L'offre financière de la SFDB arrivait en neuvième

---

23. Les grandes superficies attribuées pour 15 ans introduites par la Loi forestière de 1994. Leur octroi exige des concessionnaires qu'ils respectent certains critères de "gestion durable". Le régime des UFA a remplacé celui des "licences", qui ne comportait pas les mêmes obligations sylvicoles.

position et elle était classée à la dixième place en termes de qualifications techniques. Elle n'en a pas moins séduit la commission interministérielle chargée de l'allocation des UFA au plus offrant. Les habitants de Lomié n'ont pas été surpris : l'un des actionnaires de la SFDB est le copain d'Hazim, Jean-Marie Aleokol, secrétaire général de la Défense ; s'y ajouteraient selon ces habitants le secrétaire général adjoint de la Présidence, Inoni Ephreim, et Amadou Ali, ministre d'État chargé de la Défense.

En 1994, la nouvelle Loi forestière était considérée comme un acte de législation pionnier pour le bassin du Congo. L'idée des UFA à long terme était effectivement révolutionnaire : au lieu d'être attribuées à l'État-major de l'armée, aux hommes forts du Parti et/ou aux membres de la famille du Président, les forêts les plus recherchées devaient aller uniquement aux sociétés forestières agréées. Six ans plus tard, le Cameroun est encore occasionnellement félicité par ses bailleurs de fonds pour sa Loi forestière. Et la gendarmerie de Lomié ne ménage pas ses efforts pour décourager les visiteurs.

Hajal

Le siège de la SFDB est situé dans un imposant bâtiment appelé "l'immeuble Hajal", dans le centre-ville de Yaoundé, non loin de l'ambassade des États-Unis. Il est peu probable qu'Hazim et le milliardaire libanais Massad Hajal, à qui la propriété appartient, ne se rencontrent pas. Vice-président de la délégation camerounaise du Comité international de la Croix Rouge, Hajal préfère travailler dans son propre bâtiment que dans celui de la Croix Rouge. L'une de ses anciennes locataires était Chantal Vigouroux, avant et pendant ses fiançailles avec le président Biya au début des années quatre-vingt-dix. Ce sont de vieux amis. Mais, apparemment, Chantal Biya était encore plus proche du fils Hajal, Claude. Triste histoire : juste au moment où papa s'apprêtait à aller prendre sa retraite au Liban, laissant à son fils la totalité de ses biens camerounais, Claude mourut sur la route Yaoundé-Douala, dans ce que les Camerounais appellent un accident de voiture. Chantal avait contracté entre-temps un mariage présidentiel. (La même année et sur la même route périt la femme de Jean Fochivé, le chef de la police secrète et ami de Khoury).

La Croix Rouge au Cameroun est une drôle d'entité. Dans quel autre pays africain, le vice-président de la Croix Rouge n'est-il pas citoyen du pays qu'il représente ? Et le Cameroun est le seul pays africain où les administrateurs de la Croix Rouge sont fonctionnaires de l'État. Même si la comptabilité est un peu floue (quel était le budget de la délégation camerounaise l'an dernier, et combien a-t-elle dépensé ?) personne n'est prêt à créer de problèmes. Le président de la République et le président de la délégation se connaissent depuis de nombreuses années. Au début des années soixante, quand William Aurélien Eteki Mboumoua était ministre de l'Éducation, Paul Biya était son très prometteur directeur de cabinet. Aujourd'hui, naturellement, tous deux font des visites régulières à Genève. Et, en mémoire du bon vieux temps, la présidente d'honneur de la Croix Rouge camerounaise est Chantal Biya. Bien qu'il y ait peu de risque pour que l'on vole la vedette à sa propre fondation, elle met toutes les chances de son côté : « Chantal Biya [...] a inauguré le 23 février dernier le siège social de la Fondation Chantal Biya dans la rue Henry Dunant, du nom du fondateur de la Croix Rouge ! Un bâtiment de trois étages, "don" du gouvernement *[trois mois avant l'octroi du statut d'utilité publique]*. Tous les ministres en charge des secteurs sociaux étaient présents ainsi que l'organisation des femmes du parti au pouvoir, l'OFRDPC, dont elle est présidente d'honneur »[24].

L'honorable Première dame donne et redonne, mais n'aime pas quand ses bonnes grâces ne sont pas appréciées. Début 1999, les infirmières et les docteurs de l'hôpital public de Yaoundé, récemment acquis par la Fondation Chantal Biya, entamèrent une grève. Vu les considérables nouveaux revenus de l'établissement et l'absence de tout investissement visible, les hausses de salaires proposées semblaient un peu chiches aux employés. La grève est finie, le personnel est aujourd'hui un peu plus réduit.

---

24. *LdC*, 15/04/1999.

II

Les Italiens :

L'esprit de famille

Au matin du 25 juin 1999, une phalange de Mercedes noires étaient garées devant un entrepôt à la périphérie de Yaoundé ; à l'intérieur, un prêtre donnait une bénédiction. L'entrepôt appartenait, officiellement du moins, à la firme italienne de transformation de bois *Patrice Bois*, dont l'usine inachevée était solennellement inaugurée. Officiellement le prêtre, également italien, appartenait à l'ordre de Don Bosco. Son âme semblait pourtant étonnamment proche de la société et de ses protecteurs : « *Dieu est là où l'homme travaille* », a-t-il informé son auditoire, « *Dieu a donné à l'homme cette tâche* ». Ses remarques, comme celles des orateurs qui l'avaient précédé, n'étaient pas plus explicites. On ne pouvait déduire clairement de son prêche si Dieu était là partout où l'homme travaille, ou seulement là où l'homme travaille pour un revenu décent.

À la fin de la cérémonie, tandis que les "vrais gens" en costume retrouvaient leurs limousines, les questions les plus évidentes restaient sans réponse : quelle est exactement « *cette tâche* », et à qui exactement Dieu l'a-t-il attribuée ? Qu'est-ce donc que *Patrice Bois* ?

La semaine suivante, les Italiens ont acheté une page entière dans l'organe officiel du gouvernement, le *Cameroon Tribune*, pour assurer la promotion de l'événement :

> « En ce vendredi 25 juin 1999, Mvan, banlieue de Yaoundé, connaît une effervescence particulière. Au milieu des ronflements des moteurs d'engins, notamment les caterpillars, et des machines d'usine, les sons des tambours résonnent agréablement. C'est clair : l'air est à l'ambiance de fête. Celle-ci est offerte par l'inauguration officielle de la société "Patrice Bois", dont les ouvriers sont habillés aux couleurs nationales. Dans la dignité, ces derniers attendent l'arrivée du Ministre de l'Environnement et des Forêts qui préside la cérémonie[25] ».

---

25. *Cameroon Tribune*, 29/06/1999.

Quelqu'un avait tout recouvert de feuilles de palmier. Curieusement, pour un investissement déclaré de 3 milliards de FCFA, ce tout n'était pas beaucoup : une unité de sciage d'occasion, un bunker de béton inachevé en guise de bureau, une paire de séchoirs et le hangar bon marché. Plusieurs chargements de débités étaient exposés, mais on remarquait l'absence presque totale de grumes : pas beaucoup de bois, manifestement, chez *Patrice Bois*. Aucun grumier non plus, sauf l'horrible épave de ce qui autrefois avait été un grumier. Les responsables n'en ayant su que faire, elle a reçu un généreux supplément de feuilles de palmier. Plus on voulait l'orner, plus elle faisait triste figure. Comme tout ce qui avait été disposé dans la plus grande scierie de Yaoundé.

Les promoteurs, le fils et le Grand-Maître

Une femme de carrure imposante, qu'aucun des travailleurs n'avait jamais vue auparavant, fut présentée comme la directrice générale de la firme : Christina Taboga. Elle y alla de son discours :

> « C'est avec une grande satisfaction et orgueil que nous allons inaugurer la société *Patrice Bois* qui a été créée le 23 octobre 1997 par les deux promoteurs Monsieur Giancarlo Fuser et Monsieur Patrizio Dei Tos, avec l'objectif de transformer les grumes en produits semi-finis et en produit finis. [...] Les travaux d'implantation [...] ont duré presque un an et demi. Et finalement, le 15 janvier 1999, nous avons démarré avec la première transformation de grumes en débités. En même temps, nous avons commencé à préparer la matière première [...] pour le démarrage de la parquetterie, qui malheureusement, aujourd'hui, n'est pas encore en pleine activité à cause des difficultés rencontrées au niveau du dédouanement des machines. À ce jour, nous avons déjà un effectif de près de deux cents personnes [...]. Dès que la parquetterie entrera en activité, nous allons encore embaucher entre deux cents et trois cents personnes dont la plupart seront des femmes, car le travail de la parquetterie demande beaucoup de sensibilité dans le choix des couleurs et de la qualité qui, par expérience acquise, est propre aux femmes ».

Rires de politesse. Applaudissements. Bien que la production ait démarré en janvier, cinq mois plus tard (le jour où le ruban était coupé), *Patrice Bois* n'était toujours pas enregistrée à l'Inspection du travail. C'est du moins ce que disaient les travailleurs, qui espéraient que cela changerait bientôt : on pouvait voir en effet, parmi les invités de marque, le ministre de l'Emploi, du Travail et de la Prévoyance Sociale, Pius Ondoua. La plupart des employés touchaient 25 000 FCFA par mois (500 FCFA de plus que le salaire minimum), soit environ 10 FF par jour. « *Nous pouvons dire* », affirmait Madame Taboga, « *que cette industrie de transformation de bois est d'abord une affaire des filles et des fils du Cameroun* ».

Apparemment, elle ne plaisantait pas : de l'avis général, cette entreprise serait l'affaire d'un fils très particulier : Franck Emmanuel Biya. Le fils aîné du Président, seul rejeton de son premier mariage, est affublé au Cameroun d'une aventureuse carrière américaine, au début des années quatre-vingt-dix. Suspecté de trafic de drogues et de fausse-monnaie, il aurait fini par être arrêté aux États-Unis et menacé d'un long emprisonnement. Son père aurait convaincu les autorités US d'accepter un remplaçant qui ne manquerait à personne. L'un des associés de Franck à cette époque, Serge Akounou Mendo Ze – fils du directeur de la chaîne de télévision nationale CRTV –, y aurait gagné, selon la rumeur, un séjour prolongé dans une prison américaine.

Les activités de Franck dans le secteur forestier incluent le transport, l'exploitation et, semble-t-il maintenant, la transformation. L'intimité qui existe entre Franck et Hazim explique peut-être son implication dans *Patrice Bois* : l'un des frères de Giancarlo Fuser, Sandro, est actionnaire du groupe Hazim et copropriétaire de la scierie d'Hazim à Ngambé-Tikar[26]. C'est un Libanais, connu par les employés de *Patrice Bois* sous le seul nom d'« Ali », qui est chargé d'approvisionner en grumes l'usine de Mvan. La société est presque unique parmi les grands transformateurs du pays : elle ne possède aucune forêt. Étrange, lorsqu'on annonce une capacité de production de 150 000 m^3 par an... Où la firme *Patrice Bois* compte-t-elle trouver son bois ? Les quelques grumes qui parsèment la voie d'accès à l'usine portent les marques de petites sociétés d'exploitation à la légalité problématique : ESA, SOK, STB, SOFACAM, BCI[27].

---

26. Ngambé-Tikar n'est qu'à quelques minutes de Ngoro.

27. Les trois dernières ont vu leurs exportations suspendues par le directeur des impôts le 25 novembre 1998 pour fraude fiscale.

À l'époque de la cérémonie d'inauguration, *Patrice Bois* venait d'effectuer d'importants changements au sein de son personnel. On ne dénombrait guère plus de la moitié des 200 employés que Madame Taboga avait félicités de leur dur labeur. En avril, la production avait chuté et nombre d'eux avaient été congédiés – sans cérémonie. Ce mois-là, le directeur de l'usine, un certain Paolo Adami, avait quitté soudainement la société. Un avis affiché sur la grille d'entrée, à l'intention des gardiens de la firme *Eagle Security*[28], leur interdisait de laisser ce directeur en disgrâce mettre les pieds dans l'établissement. De même pour les associés qu'Adami avait emmenés avec lui : Franco Tisba, Rémy Gagnon et Arturo Pinto.

Qui est cet Adami, quelle est l'étendue de son expérience forestière ? Cela reste obscur. Un document publié par l'ambassade d'Italie à Yaoundé indique que cet ancien directeur de l'une des trois plus importantes scieries du pays était auparavant à la tête d'une firme locale de plastiques, *ComGePlast*[29].

Cependant, le rebondissement le plus intéressant chez *Patrice Bois* dans les jours précédant l'inauguration fut la désignation d'un troisième administrateur. La nomination est apparue, en petits caractères illisibles, à la fin d'un avis judiciaire publié deux semaines plus tard par le notaire de la société[30] : « Il résulte de plusieurs actes reçus le 24 juin 1999, enregistrés, les modifications ci-après : agrément de nouveaux associés,

---

28. Dont l'actionnaire principal serait Eugène Édouard Akame Akame, fils du ministre des Finances.

29. Rédactrice de ce document, qui énumère toutes les entreprises italiennes ayant leur siège au Cameroun, l'ambassade semble avoir renoncé à toute idée de sélection : on trouve ainsi dans cette liste une entreprise appelée *Cameroon Lonestar Fishing Company*, identifiée en décembre 1996 par Interpol Cameroun comme étant une façade pour le narco-trafic (selon *La Dépêche internationale des Drogues*, 04/1997) Son directeur, un dénommé Giovanni Tumbiolo, a été arrêté cette année-là en Italie pour avoir importé 325 kg de cocaïne du Brésil.

En juin 1999, le partenaire camerounais de Tumbiolo dans *Lonestar Fishing*, Pierre Batamak, fut nommé directeur de la nouvelle société *Universal Security Limited* dont l'annonce légale liste les activités : « le gardiennage, la protection des biens et des personnes privées, la surveillance, l'escorte, la confection, le nettoyage et l'entretien ». Depuis 1997, la création de sociétés de sécurité privée au Cameroun doit faire l'objet d'un décret présidentiel.

30. Le même jour que l'annonce de la création de *Universal Security*. Cette coïncidence est symptomatique d'une accumulation d'heureux événements survenus au Cameroun, dans un temps très court, au profit des entrepreneurs originaires de la péninsule.

cessions de parts sociales, augmentation du capital social de 2 000 000 FCFA à 200 000 000 FCFA ; transformation de la société à responsabilité limitée en société anonyme ; changement de boîte postale ; nomination d'administrateurs : Dei Tos Patrizio, Giancarlo Fuser et Amougou Noma Nicolas… ».

Premier vice-président de l'Assemblée nationale, Amougou Noma est aussi l'un des alliés les plus proches de Paul Biya. Il n'était pas simplement présent « entre autres » lors de la coupure du ruban, comme l'annonce publiée dans le *Cameroon Tribune* le laisse entendre : il faisait déjà partie de la famille.

Amougou Noma, réputé commander une milice privée dans la capitale, a brigué les suffrages aux élections parlementaires de 1997. Il a été battu par Théophile Abega, l'ex-capitaine de l'équipe nationale de football (les Lions Indomptables), mais Biya serait intervenu pour lui assurer son siège. En 1999, il est devenu président de l'Assemblée des parlementaires de langue française[31]. Sa nomination – un affront au président de l'Assemblée nationale camerounaise, devancé par son second – résultait de « *toute une démarche diplomatique qui a été entreprise par le chef de l'État lui-même* » : Amougou Noma s'en est vanté plus tard dans la presse[32].

Cet homme comblé est aussi Grand-Maître de la Rose-Croix, la secte (derrière la Fondation Chantal Biya, selon *Le Point*) à laquelle Paul Biya a versé quelque 4 milliards de FCFA au milieu des années quatre-vingt-dix. Cependant, Amougou Noma est mieux connu des habitants de la capitale pour son occupation principale – officielle : l'importation de fripes. En janvier 1999, le bulletin de l'ambassade de France, *La Lettre de Yaoundé*, qui d'habitude est avare de commentaires, s'attaquait à la filière de la friperie, lui consacrant une page entière. « Malgré l'arrêté de 1992 fixant les modalités d'importation, l'illégalité règne toujours en maître... À noter que d'importants volumes de vêtements rendent plus faciles les importations frauduleuses de produits fortement taxés comme les alcools par

---

31. Quelle est la relation entre cette auguste assemblée et l'Agence de la francophonie qui, en mai 1999, a offert huit ordinateurs neufs à la *Société de presse et d'édition du Cameroun* (*Sopecam*) - éditrice du *Cameroon Tribune* ?

32. *Cameroon Tribune*, 27/07/1999.

exemple… ». Et *La Nouvelle Expression* d'ajouter : « À partir [...] de la fin de ces années 80 [...] *[la friperie]* va se développer de manière exponentielle, encouragée par un environnement particulièrement propice fait de misère, de pauvreté et de corruption. [...] Aujourd'hui, ce commerce [...] est à l'origine de nombreux autres trafics ». Les douanes camerounaises sont connues mondialement pour leur porosité. Les chargements de fripes, déclarés à 600 FCFA le kilo, sont, inutile de le préciser, rarement inspectés.

Amougou Noma trouvait récemment des emplois pour ses amis du quartier à l'aéroport de Nsimalen et à la poste centrale.

Environ un mois après que l'eau bénite eût aspergé les invités de *Patrice Bois*, Amougou Noma fit la une des manchettes. De perfides commentateurs suggérèrent que c'était exactement ce qu'il voulait. Il déclara à la presse que, dans la nuit du 31 juillet, son véhicule avait été braqué pistolet au poing. Une donnée statistique de plus dans la vague montante de violence à Yaoundé ? L'éminent parlementaire se déplaçait sans garde du corps, bien qu'il eût en sa possession environ un million de FCFA. La police judiciaire s'est présentée sur les lieux du délit dans les minutes qui ont suivi. Une fois sur place, les policiers ont découvert que leurs véhicules n'avaient pas assez d'essence pour poursuivre l'enquête... L'incident a eu lieu – s'il a eu lieu – une semaine jour pour jour après la visite d'État longuement attendue de Jacques Chirac au Cameroun. *La Nouvelle Expression* observe :

> « De source française, Jacques Chirac a [...] expliqué à Paul Biya au cours de leur entretien que l'impunité dont bénéficiait sa police et son armée n'était plus possible. [...] Mobile de cette interpellation chiraquienne : les autorités françaises auraient connaissance d'un réseau de braquage de véhicules de luxe à Yaoundé dans lequel seraient impliqués des officiers supérieurs de l'armée camerounaise. Plus grave, la présidence de la République camerounaise en aurait été informée depuis des lustres mais aurait choisi de se taire "pour éviter des fâcheries"[33] ».

33. *La Nouvelle Expression*, 11/08/1999

L'intégration régionale

La police camerounaise de la province du Centre prétend avoir saisi 3 180 kg de cocaïne en 1998. Bien sûr, elle n'indique pas ce qu'elle en a fait. Il est impossible de savoir quel pourcentage cela représente sur le total des saisies à l'échelle nationale. À l'aéroport Charles de Gaulle, en 1994, 734,5 kg de cocaïne ont été saisis en 15 opérations de dépistage à bord de vols en provenance du Cameroun. En mars 1999, *La Nouvelle Expression*, jamais à court d'informateurs dans la police, affirmait : « La ligne aérienne Bombay-Nairobi-Douala-Lagos est en effet la plus célèbre du continent actuellement dans le trafic de l'héroïne et autres drogues[34] ».

Si l'énorme voisin du Cameroun, le Nigeria, a depuis longtemps établi sa réputation de plaque tournante du trafic de drogue, une minuscule dictature plus au sud, la Guinée équatoriale, a repris les affaires là où le régime d'Abacha les avait laissées. Dans ce pays très proche, les tares du système camerounais sont poussées jusqu'à la caricature et les risques de contagion réciproque sont évidents. Déjà en 1995, *Le Monde* trouvait approprié de décrire la kleptocratie d'Obiang Nguema comme « le cœur du narco-trafic et du blanchiment d'argent sale en relation avec la Colombie[35] ». Alors que le fier partenaire d'Obiang dans le piratage du pays est le géant pétrolier américain *Mobil Oil*, il semblerait que les Italiens d'Afrique centrale aient aussi des visées sur l'endroit. Lors d'une interview accordée le 14 juin 1999 à *Jeune Afrique*, Obiang raconte : « *Nous avons déjoué les préparatifs d'une tentative de coup d'État dirigée, depuis l'Angola, par l'opposant Severo Moto,*

---

34. Le trafic de drogue à Douala peut expliquer l'étrange communiqué qui fut publié en mai 1999 par le directeur général de l'hôtel Sawa, le plus luxueux de Douala. Il menaçait de mettre aux enchères les onze Mercedes et véhicules tout-terrain abandonnés dans le garage de l'hôtel si ces derniers n'étaient pas enlevés avant la fin du mois.

35. En juillet 1997, l'ex-ministre de l'Information de la Guinée équatoriale, Pascual Bikono Nanguande, a été arrêté à l'aéroport de Madrid en possession de 15 kg d'héroïne. *La Dépêche Internationale des Drogues* (08/1997) n'en était pas impressionnée : « Depuis 1988, plus d'une dizaine de diplomates ou de membres de la famille présidentielle ont été arrêtés pour trafic de drogues dans différent pays. [ ] Ces diplomates, lorsqu'ils ont été rappelés dans leur pays, n'ont pas été sanctionnés mais le plus souvent promus »

avec des mercenaires espagnols et russes, [et] *l'appui financier d'un forestier italien* ». Actif dans quel pays voisin ?

La Guinée équatoriale est une sorte de paradis pour l'exploitant tropical : avec l'un des pires bilans d'Afrique en matière de droits de l'Homme, le pays offre aussi l'un des taux de déforestation les plus élevés – et le fils du Président, Teodorin, est ministre des Forêts[36]. En décembre 1998, l'autre fils du dictateur, Victor-Hugo, chef d'état-major de la sécurité présidentielle, essayait d'importer de Lisbonne deux conteneurs « d'objets d'art africain en bois » via Douala. L'expéditeur était un homme d'affaires espagnol dénommé Eloy de Moreno Rodriguez ; les objets d'art s'avéraient être des cigarettes Winston d'une valeur de 800 millions de FCFA – selon les douanes camerounaises. Mais si les conteneurs renfermaient uniquement des cigarettes, pourquoi, avant d'arriver à Douala, en avait-on refusé l'entrée dans plusieurs autres ports d'Afrique de l'Ouest ? Et pourquoi Victor-Hugo Nguema Obiang essaya-t-il de dévier la cargaison

---

36. En 1998, selon le rapport d'*Amnesty International* sur la torture en Guinée équatoriale (1999), Teodorin Obiang organisait l'affiliation forcée de 290 opposants politiques au parti au pouvoir, le PDGE.

Non seulement le ministre des Forêts possède sa propre concession forestière, mais il toucherait aussi une "commission" de 10 000 FCFA sur chaque mètre cube de bois exporté. Avec des exportations annuelles de plus de 800 000 m³, il ramasse au moins 80 millions de FF par an. *La Lettre du Continent* demande (30/09/1999) : « Qui est le fils d'un chef d'État pétrolier d'Afrique centrale, ministre des Forêts, qui était le plus fêtard de tous les vacanciers cet été à Saint-Tropez ? Petit indice supplémentaire : il pilote à Paris une Ferrari jaune serin et une Maserati blanche, souvent garées devant le Bristol ».

En 1999, justifiant sa décision de se retirer de la Guinée équatoriale, *Médecins sans Frontières* évoquait « les abus d'une classe dirigeante qui n'hésitait pas à sacrifier les droits les plus fondamentaux si le bénéfice le justifiait ». L'ONG était effectivement bloquée dans son « accès à une population souffrant des conséquences directes de la corruption d'un régime qui ne semble pas s'en préoccuper ». Les médecins n'ont pas négligé de noter que « la liste des concessions pour l'exploitation des ressources forestières montre que la plupart se trouve entre les mains du clan de Mongomo *[le clan du Président]* ou d'entreprises partagées entre des membres du gouvernement guinéen et entrepreneurs espagnols ».

Une des deux banques du pays, la CCEI, est la correspondante locale de la *Republic National Bank of New York*. L'institution a fait la une des journaux en décembre 1999 : son propriétaire, le milliardaire libanais Edmond Safra, craignant depuis longtemps un attentat de la mafia russe, s'est bouclé dans la salle de bains de son appartement monégasque où il est mort asphyxié ; son infirmier, un ancien béret vert américain, avait allumé un feu pour chasser des intrus imaginaires, la nuit où ses gardes du corps israéliens étaient de repos. Safra avait été jadis accusé d'un peu de tout, du blanchiment de l'argent de la drogue de Noriega à une implication dans le scandale de l'*Irangate*. Parmi ses amis, il comptait Frank Sinatra, Ronald Reagan et le prince Rainier de Monaco, un grand ami du Cameroun.

vers l'Angola afin d'éviter qu'elle soit ouverte au Cameroun, allant jusqu'à faire intervenir directement son père auprès de Paul Biya ? Et qui est donc Eloy de Moreno Rodriguez ? Au Cameroun, seule la France coupe plus de bois que l'Italie. Mais l'Espagne et le Portugal en importent davantage (295 000 m^3 en 1997-98) que tout autre pays.

Happy hour à la SEFAC

Le même printemps où *Patrice Bois* pria le Seigneur de bénir son travail, les Italiens de la *Société d'exploitations forestières et agricoles du Cameroun* (SEFAC) reçurent une visite de l'un de Ses lieutenants terrestres. La venue du prince Philip, duc d'Edimbourg, au chantier forestier de la SEFAC a dû coûter à ses initiateurs des centaines de fois ce que Mme Taboga était prête à débourser pour un prêtre, mais on ne saurait espérer meilleure publicité. S'il convenait que le duc tombât du ciel à Libongo – une piste y a été construite quelque 30 ans plus tôt – il eut été impensable de lui faire effectuer par la route le voyage depuis Yaoundé, un millier de kilomètres. L'épouvantable misère dont il aurait été le témoin au cours de ces trois ou quatre jours – en admettant que son véhicule ait tenu le coup – aurait pu soulever chez lui quelques doutes quant à la rencontre qu'il venait tout juste de présider dans la capitale : un premier sommet des chefs d'État sur la conservation des écosystèmes forestiers en Afrique Centrale.

À la gloire du *Worldwide Fund for Nature* (WWF), qui finançait l'événement, le duc avait passé les deux jours de réunion à hocher la tête pour approuver quiconque faisait l'éloge de la biodiversité ou prêtait serment à « *l'exploitation durable* » et à la « *gestion locale* ». Ce sommet reposait sur un acte de foi : l'exploitation industrielle de la forêt a un rôle inévitable et évident à jouer dans le développement des pays tropicaux, désespérément pauvres et désespérément corrompus. Mais nul participant n'a clairement défini ce rôle. Encore moins s'est-il trouvé quelqu'un pour une remarque iconoclaste : bien que la SEFAC, par exemple, fasse de très bonnes affaires depuis la fin des années soixante, le peuple camerounais est maintenant plus pauvre qu'avant le démarrage du grand massacre des arbres.

Le commentaire le plus bienveillant que l'on puisse émettre à propos du WWF, partenaire principal de la Banque mondiale dans la préservation de la nature au Cameroun, est que cet organisme préfère adopter une approche "patiente". Qui payait pour l'écotourisme du duc ? Sa visite à la scierie de la SEFAC et à une poignée d'autres s'inscrivait-elle officiellement dans les perspectives que le WWF essayait de faire avaler comme le progrès à ses bienfaiteurs ? Il y a un arrière-plan intéressant à cette visite royale : le WWF travaille actuellement avec l'Union européenne à un projet de certification du bois au Cameroun, qui garantirait aux consommateurs l'achat d'un produit conforme aux normes les plus branchées. La direction de la SEFAC savait que ses produits deviendraient des candidats plus plausibles à la certification dès que le Duc aurait atterri[37]. Le *Cameroon Tribune*, dans un publi-reportage de deux pages, rapportait :

> « Après les cérémonies d'accueil par les autorités administratives locales [...], le prince Philip est accueilli par les dirigeants de la société. À la suite des civilités d'usage, un cocktail est organisé en l'honneur de l'illustre hôte. Immédiatement après intervient la visite de l'usine. [...] Au terme de cette visite, le prince Philip, dans une interview accordée à la presse, salue les actions de la SEFAC dans le sens de l'exploitation durable de la forêt[38] ».

Il est difficile de savoir combien d'informations Son Altesse Royale était capable de consommer, entre les formalités d'usage et les cocktails, à propos de l'histoire de l'entreprise. Le publi-reportage montre une photo de lui écoutant « attentivement » les directeurs de la firme. Il est peu probable que le Prince connaisse tous les gens que connaissent Roberto et Ennio Dajelli. La société-mère de la SEFAC, *Vasto Legno*, est établie à Milan, mais l'usine de déroulage et de tranchage approvisionnée depuis 1974 par sa forêt de Libongo est située à Naples. Les journalistes débitent sans ciller :

> « La sécurité est aussi l'une des priorités de la SEFAC. Elle se distingue ainsi par la prise en charge du poste de gendarmerie de Libongo à la fois au plan du fonctionnement, des moyens logistiques, de l'hébergement et des salaires des sept éléments qui y travaillent. À noter également la prise en charge du service des douanes dans les mêmes conditions ».

---

37. Le royaume du duc, la Grande-Bretagne, est une destination favorite du bois tropical.
38. *Cameroon Tribune*, 26/03/1999.

Non seulement les Dajelli se plaisent à opérer ainsi, mais ils ne se gênent pas pour le dire. Il y a peu de doute que les bénéfices de la SEFAC sont énormes. « En 1993 », indique le rapport Carret, « l'entreprise ne possède, selon ses dires, qu'une scierie de circonstance. [...] Entre 1994 et 1998, elle a construit une vaste scierie équipée de quatre lignes de sciage intégrée à une menuiserie industrielle. [...] En 1996, elle a racheté l'ancienne scierie de la SFIS [...] à un kilomètre par le fleuve de Libongo et a reconstruit entièrement sous le hangar d'origine une scierie destinée à être équipée de séchoirs puis complétée par un atelier de menuiserie industrielle ». Un investissement, depuis 1994, de 4,5 milliards de FCFA. Transporter un seul mètre cube de bois de Libongo à Douala coûte 50 000 FCFA ; en 1997-98, la SEFAC a transporté 22 100 m^3 (d'une valeur d'environ 2,5 milliards de FCFA), pour un coût de plus d'un milliard de FCFA.

Le rachat de l'usine de la SFIS en 1996 fut une affaire longue et malpropre ; quand les villageois de Bela bloquèrent la route en signe de protestation en mai 1998, les gendarmes de la SEFAC, soucieux de plaire à leurs suzerains italiens, jetèrent 35 manifestants en prison. Le duc n'était-il pas au courant ? N'était-il pas au courant de la coutume locale de *garder* les grévistes en prison – lesquels attendent parfois des années avant d'être jugés ? N'avait-il pas été “briefé” sur les conditions prévalant dans les donjons camerounais ? Ne savait-il pas que celui de la capitale de la province de l'Est, bâti durant la période coloniale pour loger 50 prisonniers, en accueillait 700 en 1997[39] ? « Soucieuse de l'épanouissement des uns et des autres, la société a inscrit dans son programme d'activités en faveur des communautés villageoises de Libongo et de Bela, des rencontres sportives organisées chaque année à destination des employés. La SEFAC dispose à cet effet d'un grand terrain de football ».

En 1997, la SEFAC dégagea une route de 20 mètres de large à travers la forêt primaire au sud du village frontalier de Mboy II, pour faire gagner quelques minutes à ses grumiers. Les bulldozers détruisirent les plantations de café de 22 villageois –

39. Selon le rapport sur les droits de l'Homme du Département d'État américain, 1998.

leur source principale de revenu – et abattirent deux maisons. La société promit de reconstruire les maisons. Quatre mois plus tard les deux familles dormaient toujours à la belle étoile. Le dédommagement pour les caféiers arrachés – qui transita, comme d'habitude, entre les mains de plusieurs fonctionnaires locaux avant d'arriver au village – était une insulte. Une « lettre collective des planteurs de Mboy II », adressée au directeur d'exploitation de la SEFAC, affirmait : « Dans un cas typique, le propriétaire d'un champ qui produit 25 à 30 sacs par an [...] n'a été payé que 61 000 FCFA [...]. 61 000 FCFA représentent seulement 4 % du bénéfice qu'il aurait pu faire pendant 5 ans[40] ». Les responsables de la société, dont aucun ne quitte son domicile sans arme à feu, envoyèrent la lettre directement à la gendarmerie de Yokadouma. Son auteur fut informé que, s'il se retrouvait sur la nouvelle route des Italiens, il serait battu jusqu'à ce qu'il soit « *à moitié mort* », puis abandonné en forêt jusqu'à ce qu'il le soit complètement.

Tandis que les critères « sociaux » pour la certification du bois sont quelque peu flous – la SEFAC peut toujours citer en exemple son terrain de football, en cas d'urgence – les conditions de l'exploitation durable, par contre, sont franchement scientifiques. Mais quand, en l'honneur de ses hôtes, le duc porta un toast pour « *la promotion des essences secondaires, telles que le bahia, l'abam, le longhi, l'eveuss, le landa,* [...] *un des volets importants de la politique de la SEFAC afin de mieux valoriser la forêt* », ne savait-il pas que, depuis 1997, la société n'avait exporté que 56 m³ de telles essences ? Il s'en est tenu au discours que les Dajelli voulaient lui faire accroire : « *Si la SEFAC est devenue l'un des poids lourds parmi les sociétés d'exploitation forestière* [...] *du Cameroun,* [...] *cela est* [...] *dû à son ferme engagement à préserver la forêt et à respecter la réglementation en vigueur en la matière. À cet effet, l'abattage des arbres est sélectif après des inventaires rigoureux* ».

En décembre 1999, une mission officielle du MINEF a visité les 26 concessions du pays pour voir comment leurs détenteurs

---

40. Le dédommagement n'était qu'une fraction de ce qui aurait été conforme au barème des produits agricoles édicté en 1981 par le ministère de l'Agriculture - document jamais mis à jour pour refléter les valeurs actuelles.

se conformaient aux obligations de gestion durable inscrites dans leurs contrats. Le rapport de mission ne mâchait pas ses mots. Dans la forêt de la SEFAC, les enquêteurs se sont trouvé confrontés à « *une exploitation anarchique et illicite, sans le moindre respect des assiettes de coupe octroyées*[41] ». Ils ont constaté la « *non-délimitation et la non-matérialisation des assiettes de coupe ; l'abattage* [du bois en] *sous-diamètre, surtout du sapelli ; la non-délimitation de l'UFA* ». La société n'avait pas exécuté d'inventaire ni produit de plan d'aménagement. Les "suggestions" du MINEF comprenaient : « *sanctionner sévèrement toutes les infractions relevées à son encontre pour obliger cette société à abandonner l'écrémage*[42] *qu'elle a toujours pratiqué*[43] ». Exit le duc.

Chair à grumier

Dans le palmarès 1999 de *Transparency International*, le Cameroun apparaît comme le pays le plus corrompu du monde et l'Italie, son plus gros client, comme le plus corrupteur des pays membres de l'Union européenne, le plus susceptible d'offrir des pots-de-vin pour obtenir des contrats. Les Italiens du Cameroun ont des amis et des parrains dans les hautes sphères. Mais il apparaît que ces sphères ne se trouvent pas qu'au Cameroun et en Italie. En 1994 et 1996, la *Société financière internationale* (SFI), filiale pour les prêts au secteur privé de la Banque mondiale, a engagé 2,1 millions de dollars au profit de la plus grande société camerounaise de transport de bois, l'*United Transport Cameroon* (UTC), à capitaux italiens. *White Eagle Holding*, la firme de Sergio Avanzi basée à Parme, contrôle 88 % de l'UTC, seule rivale de Hazim dans le secteur des transports. Pour les chantres de la bonne gouvernance et de

---

41. Une assiette de coupe = 2 500 ha. Chaque UFA est composée de plusieurs assiettes de coupe.

42. Pratique sélective de coupe consistant à prélever les meilleurs arbres sans prise en compte des critères de gestion durable de la forêt.

43. Le rapport du MINEF n'a jamais été rendu public. Les sanctions qui ont suivi s'apparentent à une farce. En mars 2000, la SEFAC a été condamnée à verser une amende de 4 millions de FCFA – à peu près l'équivalent de deux mètres cubes de sapelli en Italie ; ses activités ont été suspendues pendant trois mois – pendant la petite saison des pluies, période où l'activité forestière est réduite.

l'ajustement structurel, dispenser des subventions à la firme italienne a dû exiger une bonne dose de contorsions : le transport des grumes au Cameroun est peut-être bien le secteur le plus corrompu de l'industrie la plus corrompue du pays le plus corrompu du monde. Comment les banquiers ont-ils pu s'aveugler sur ce point ? À deux reprises ?

Les prêts de la SFI ont violé les propres instructions de la politique forestière de la Banque mondiale. En 1991, celle-ci a décidé de ne plus financer ni « les opérations commerciales d'exploitation forestière ni l'achat d'équipements forestiers destinés à être utilisés dans la forêt tropicale primaire humide[44] ». On espérait évidemment « mettre un frein à la vitesse alarmante de la déforestation, particulièrement... dans les forêts tropicales humides », selon les mots de l'ancien président de la Banque, Barber Conable. Au moment du premier prêt de la SFI, les sept garages de l'UTC étaient opérationnels 24 heures sur 24.

La « description du projet » financé par la Banque est une petite merveille de mystification. Le bois est appelé « marchandise », que la société transporte « à l'intérieur du Cameroun et vers les pays sans littoral tels que le Tchad et la République centrafricaine ». « À l'intérieur » ? « Vers » ? Mais depuis 1994, l'UTC transporte des grumes par voie terrestre *en provenance* du Congo... Elle le fait pour la société à capitaux suisses et allemands CIB, une entreprise fortement subventionnée au milieu des années quatre-vingt par... la SFI. L'aversion d'Avanzi pour les impôts devait également être bien connue à ce moment, jusqu'à Washington. Le 7 août 1994, une visite de contrôle des douanes au siège social de l'UTC à Douala a révélé un plan d'évasion de taxes à l'exportation : des stocks de bois déclarés en transit de la CIB étaient en fait d'origine camerounaise[45].

Dans la liste des installations de l'UTC, la « description du projet » oublie aussi de mentionner l'énorme garage de la société à Libongo, entretenu par les employés de l'UTC. (La

44. *World Bank Operational Policy Directive* 4.36, section 1.(a). Toutes les traductions des documents de la Banque cités ci-dessous sont les nôtres.
45. *Galaxie*, 24/04/1995.

firme italienne SEFAC est, naturellement, l'un de ses principaux clients). Si la société est exclusivement impliquée dans le transport (de bois et d'autres « marchandises »)[46], pourquoi l'ambassade italienne cite-t-elle parmi les activités de l'UTC « l'exploitation forestière » (*sfruttamento forestale*) ?

Le bilan de l'UTC en ce qui concerne la sécurité est horrible. La pratique de la société qui consiste à laisser les billes de bois non arrimées durant le transport vers les parcs à bois, pour gagner du temps, a causé le décès de plusieurs employés. Sa politique de primes, au nombre d'allers-retours effectués, incite ses chauffeurs insomniaques à rouler trop vite. En un seul trimestre de 1998, les camions de l'UTC ont reçu 300 contraventions (plus de 97 millions de FCFA) pour avoir dépassé la limite de poids légale, 55 tonnes. Selon les employés, il est courant de maquiller les plaques d'immatriculation pour utiliser plusieurs camions avec une même carte grise et réduire ainsi les frais d'enregistrement. La société a la réputation de garder ses camions en état de totale vétusté. En 1999, une ONG locale de la province du Littoral (où l'UTC exploite un gisement de pouzzolane pour la société des Ciments du Cameroun, *Cimencam*, filiale de la firme française *Lafarge*), rapportait :

> « Plus de cinq cent camions font la navette tous les jours (même les dimanches) sur des pistes hautement poussiéreuses traversant plusieurs villages du district. [...] La plupart de ces camions sont des véhicules complètement amortis qui ne sont munis d'aucun dispositif de sécurité (pas de frein, pas de sièges à l'intérieur). [...] Les pistes [...] qu'empruntent ces camions sont en même temps celles qui servent aux populations à se rendre dans leurs plantations [...]. On compte en moyenne trois accidents mortels tous les six mois ».

Au cours des quatre dernières années, l'UTC a transporté des pneus usés au pied de la montagne privée de *Cimencam* où, sous les yeux attentifs « *du Blanc* », ils sont brûlés à ciel ouvert – quelque 800 à la fois. Dans une lettre adressée le 27 mai 1998 au maire de Mombo par les habitants du village voisin de Djoungo-Rails, on peut lire :

---

46. Le portefeuille d'investissement de la SFI en 1997 indique que l'UTC est dans le secteur de "l'infrastructure".

« Nous avons un village sans électricité, sans eau, ni centre de santé. Nous sommes quotidiennement victimes de la pollution, de la poussière, des bruits de camions qui passent sans cesse. Des roues usées sont chaque fois brûlées à la carrière. Avec tout ce que ça comporte comme dangers dans le maintien de la vie (maladies, troubles respiratoires et l'environnement). Monsieur, serons-nous toujours des mendiants assis sur une mine d'or ? Nous voulons que vous nous éloignez de cette misère qui semble-t-il est cautionnée par vous-même[47] ».

La « description du projet » par la SFI émet l'espoir que son investissement « sera vu comme le signe d'un appui constant à la société et qu'il facilitera la mobilisation de prêts additionnels des banques locales à de meilleurs taux qu'il n'eut été possible d'obtenir sans la présence de la SFI »[48]. Mais la société semblerait déjà assez bien appuyée – et pas seulement par le maire de Mombo. Parmi les personnel de l'UTC, il se répète que cette société serait liéé à la première femme du Président, Jeanne-Irène – la mère de Franck : elle en aurait été actionnaire jusqu'à sa mort en 1992, survenue dans des circonstances

47. En 1998-99 le résultat net de *Cimencam* a augmenté de 29 % (*Marchés Tropicaux et Méditerranéens* hors série, 11/1999).

48. Le choix par la SFI de ses clients en Afrique centrale mériterait une étude à part. Parmi les trois engagements de la SFI au Cameroun en 1999, on trouve un prêt de 250 000 dollars pour la réhabilitation de « Luna Park, village touristique et centre de recréation » à 40 km de Yaoundé. La « Description du projet » indique que « M. et Mme Dieye gèrent Luna Park depuis 1966, aidés par leur deux fils, Alioune (40) et Kader (36). La famille Dieye possédera 85 % de Luna Park et *DAK Services* (une entreprise familiale appartenant à Kader) 15 % ».

DAK Services est une société de sécurité privée. Parmi les bâtiments publics sous sa garde, on remarque le ministère des Postes et Télécommunications, la direction générale des Grands travaux (située à côté du palais présidentiel), et la Société nationale des Hydrocarbures. *Le Messager* (24/01/2000) note que DAK est « bizarrement présente dans tous les grands contrats ». La loi 07/021 du 10 septembre 1997, qui réglemente les sociétés de sécurité privée, leur interdit de garder les édifices publics.

Parmi les alliés les plus proches de Paul Biya, plusieurs sont réputés pour avoir des investissements dans la sécurité ou les milices privées. Au moins deux d'entre eux sont (ou ont été) également forestiers : le général Pierre Sémengué et l'anglophone Chief Victor Mukete. En 1999, Yaoundé a subi une vague de cambriolages non-résolus dans les bâtiments gardés par les firmes privées, y compris la garnison militaire de Yaoundé, le ministère de la Santé publique, le ministère des Finances, le ministère de l'Éducation, et le ministère des Postes et Télécommunications.

La loi de 1997 a aussi exigé des firmes de sécurité appartenant aux expatriés qu'elles soient cédées avant la fin de l'année à des ressortissants camerounais. Kader Dieye est-il un ressortissant camerounais ? DAK, « une entreprise familiale », lui a-t-elle toujours appartenu ?

jamais éclaircies[49]. Une autre rumeur établit le lien avec Franck lui-même. Un observateur, membre respecté d'une organisation partenaire de la Banque mondiale au Cameroun, dit simplement : « *L'UTC est intouchable ; elle est gérée directement de la chambre à coucher présidentielle* ».

En 1998, la société franco-italienne *Transformation industrielle du Bois* (TIB) a construit à Yaoundé une nouvelle scierie d'une capacité de 84 000 m³. Le contrat pour le terrassement du site a été obtenu par... l'UTC. Le voisin de TIB est... *Patrice Bois*. « *Ce n'est peut être pas entièrement un hasard* », dit Jean-Christophe Carret. « *Fuser* [mais lequel ?] *est en effet l'associé de Dassi en Côte d'Ivoire, lequel est l'associé de Rougier au Cameroun, lesquels* [Rougier-Dassi] *sont associés de Piarottolegno pour la TIB* »[50].

Au Cameroun, peu de choses semble être « *entièrement un hasard* ». Les sociétés *United Transport Cameroon* et *Universal Timber Company* (la firme dont le licence est située dans la vallée du Ntem, où il est dit que Franck Biya contrôle l'exploitation de la forêt[51]) continuent d'être toutes les deux appelées

---

49. Jeanne-Irène Biya est morte le 28 juillet 1992. Quatre jours plus tôt, le général Benoît Asso'o Emane (aujourd'hui un important concessionnaire forestier), avait été relevé de son commandement au Quartier général, le corps d'élite qui protège la capitale, pour avoir accordé le 17 juillet une interview non autorisée au *Cameroon Tribune*.

Le général et Jeanne-Irène Biya avaient été le sujet d'un long article bien documenté dans le numéro de mai 1992 de *Jeune Afrique Économie* : l'ex-directeur en exil de la Société camerounaise de Banque les accusait de l'avoir forcé à approuver des prêts douteux pour eux et leurs familles, ce qui a effectivement fait effondrer l'institution. *Cameroon Tribune* a répondu aux accusations, faiblement, dans un très bref article du 13 juillet 1992. Le 16, il a publié la version officielle d'un incident survenu à l'avion présidentiel, temporairement bloqué aux États-Unis trois mois auparavant, après que son équipage ait tenté de passer des faux-dollars. Franck Biya, à qui chacun pense au Cameroun à propos de cette affaire, n'était pas, bien évidemment, mentionné par le *Cameroon Tribune*.

Le matin de la mort de Jeanne-Irène, le 28 juillet, le président Biya s'est envolé pour Dakar. Le *Cameroon Tribune* s'est demandé : « Mais qu'est-ce qui a pu emmener Paul Biya en ce moment en terre sénégalaise où se tient le 15ᵉ sommet des chefs d'État de la CEDEAO... dont le Cameroun n'est pas membre ? [ ] Aucune indication ne permet de fonder la moindre hypothèse plausible ».

50. Le directeur de TIB dément qu'il existe « *aucune relation commerciale, administrative ou transaction financière entre ces deux sociétés* ».

51. La rumeur prétend que les employés "récalcitrants" de Franck Biya sont amenés à Yaoundé, bastonnés, et obligés d'effectuer à pied le retour vers la Vallée du Ntem – à quelque 150 km.

« UTC ». Cela a-t-il créé des confusions à la direction des Impôts ou au port ? Quelle est la nature des rapports entre l'UTC et la CFE, appartenant à Dabadji, dont le garage à Bertoua est situé – par pur hasard – immédiatement à côté de celui d'Avanzi ? Quelles sont les circonstances exactes ayant entouré le départ précipité de l'UTC du Nigeria, voici une dizaine d'années, avant qu'elle ne découvre le Cameroun ?

III

Les Américains :

A little Lebensraum

L'ambassade des États-Unis au centre ville de Yaoundé est abritée dans un immeuble d'un blanc immaculé, juste en face du commissariat de police. Le siège de la Banque mondiale, situé au loin dans le quartier verdoyant de Bastos, à côté des ambassades de Chine et d'Arabie saoudite, est d'une couleur plus ambiguë. L'ambassade des États-Unis d'Amérique est clairement identifiée comme telle par une plaque de cuivre à l'entrée. Les drapeaux américains, les pick-up Chevrolet garés devant et les grandes barrières bétonnées ornées de géraniums sont impossibles à manquer. Le bâtiment de la Banque n'est ni bien identifié ni très bien protégé. Le passant peut facilement le prendre pour une permanence du parti au pouvoir ou un centre d'interrogatoires. Une sorte de tourelle lui donne l'air d'un petit castel imbu de sa propre vision du monde. Mais naturellement, la Banque mondiale à Yaoundé et son partenaire du centre ville ont tout en commun – à commencer par un pipeline de mille kilomètres et 3,5 milliards de dollars : Exxon veut l'installer en sol tchadien et camerounais ; la Banque a accepté de le financer.

À l'instar des espions du Département d'État dans le building blanc, les employés de la Banque, dont les affaires officielles sont la lutte contre la pauvreté et la promotion de la bonne gouvernance, aiment opérer dans le plus grand secret. Les pièces et les corridors de l'ambassade et de la Banque sont aussi silencieux que des tombeaux bien scellés[52].

---

52. Comme son nom l'indique, la Banque mondiale n'est pas une institution américaine. Le pouvoir y est réparti entre les pays, en fonction de leur contribution financière : les États-Unis y disposent d'environ 17 % des voix, les Européens pris ensemble environ 30 %. Ces derniers ont donc une responsabilité importante dans les politiques et les pratiques de cette institution. Cependant, il est clair que l'influence des États-Unis reste déterminante. Le siège de la Banque se trouve à Washington, non loin de la Maison Blanche, et son président est traditionnellement nord-américain. De plus, un pourcentage élevé du personnel est nord-américain et les cabinets d'audit agréés par la Banque sont tous nord-américains. Enfin, les États-Unis se classent au premier rang des pays qui ont bénéficié des contrats d'équipement engagés par la Banque depuis sa création en 1944.

Non-pétrolier

Le programme d'ajustement structurel de l'économie camerounaise, dans les mains du représentant-résident Robert M. Lacey, est tracé assez clairement dans un document de référence du 3 juin 1998, *Report and Recommendations of the President of the International Development Association to the Executive Directors on a Proposed Credit of SDR 133.5 million ($180 million) to the Republic of Cameroon for a Third Structural Adjustment Credit.* On peut lire sur la couverture : « Ce document est à distribution restreinte et ne peut être utilisé par les récipiendaires que dans le cadre de l'exercice de leurs fonctions officielles. Son contenu ne peut autrement être dévoilé sans l'autorisation de la Banque mondiale ». Mais le document ne propose vraiment rien de surprenant ; l'« assistance au pays » a presque toujours plus à faire avec la promotion des exportations et des recettes fiscales qu'avec la lutte contre la pauvreté et le désespoir.

L'emphase de Robert Lacey sur les exportations est difficile à ignorer : « Le programme d'ajustement structurel révisera le code d'investissement et la législation sur les zones franches industrielles. [...] Les autres barrières fiscales à l'exportation seront aussi éliminées. Une nouvelle loi sur la compétitivité sera adoptée. Et les barrières non tarifaires restantes seront éliminées ». Le rapport fait un effort concerté pour ne pas utiliser le mot "bois" – à l'exception des paragraphes consacrés au secteur forestier. Même chez les lecteurs exerçant des fonctions officielles, le terme est trop évocateur, sous les tropiques, de gens pauvres en train d'être dépouillés de leurs droits et de leurs moyens de subsistance. « Avec le déclin de la production pétrolière », se lamente le rapport, « le secteur non pétrolier devra croître plus rapidement que le PIB. Similairement, la baisse des exportations et des revenus pétroliers devra être compensée par une augmentation des revenus non pétroliers ». Et encore : « Quant aux revenus, l'accent sera mis sur une meilleure mobilisation, particulièrement des revenus non pétroliers, principalement par l'amélioration de la gestion du secteur commercial et du recouvrement des taxes internes et la réduction continue des exemptions non justifiées ».

La Banque a une prédilection : faire couler le flux des exportations camerounaises vers les pays riches. L'évocation du secteur des transports commence donc, naturellement, par un plan de réhabilitation portuaire.

> « Les premiers objectifs de la stratégie sont de réduire les coûts, raccourcir le temps moyen nécessaire pour faire passer des marchandises au port de Douala, rapprochant ainsi le port des standards internationaux, et mettre en place une stratégie efficace pour assurer le dragage à long terme [...]. Toutes les activités industrielles et commerciales, y compris l'entretien des superstructures, et dans la mesure du possible les services portuaires, seront transférées au secteur privé suivant un échéancier arrêté [...]. Des comités pour l'orientation des activités portuaires, où siégeront en majorité les usagers portuaires, seront mis sur pied dans chaque port pour assurer une consultation complète sur la compétitivité portuaire, incluant l'établissement des tarifs et la programmation des investissements ».

Un dragage efficace permettra de « supprimer les contraintes actuelles limitant les charges pouvant être transportées sur chaque navire à l'entrée et à la sortie de Douala (contraintes qui sont liées à la profondeur du chenal) ». Pas exactement du développement local.

S'agissant des utilisateurs du port, le rapport ne fait pas référence aux investissements récents de la *Société d'exploitation des parcs à bois du Cameroun* (SEPBC), détenue par le magnat français du transport maritime et des matières premières Vincent Bolloré[53], qui contrôle également deux sociétés d'ex-

53. Surnommé « le dernier empereur de l'Afrique » par *La Lettre du Continent* (24/09/1998), *Bolloré* domine ou cherche à dominer la plupart des secteurs les plus rentables (hors pétrole et mines) d'Afrique centrale et occidentale : le tabac, les plantations d'huile de palme et de caoutchouc, le bois, le coton, le cacao, le transport maritime, la manutention, les chemins de fer. À la fin de 1998, un consortium dirigé par *Bolloré* s'est vu attribuer l'exploitation des chemins de fer du Cameroun, dont 60 % des bénéfices proviennent du transport de bois. La privatisation faisait partie d'un « programme prioritaire d'investissement ferroviaire » de 90 millions de dollars, financé en partie par la Banque mondiale.

En avril 2000, les cheminots de Douala ont déclenché un mouvement de grève. Leurs revendications, outre salariales et médicales, comprenaient « l'arrêt immédiat et inconditionnel de l'apartheid [ ] en matière de gestion du personnel, [ ] le comportement insupportable des agents d'*Africa Security* envers la clientèle et les agents ; le trafic d'influence et la mort programmée de la *[confédération syndicale]* CSTC par certains responsables de la *Camrail*, empêchant ainsi aux agents de jouir de leur liberté syndicale ». Les travailleurs se sont plaints aussi de « l'augmentation abusive du tonnage [ ] des plates-formes malgré leur état de vétusté avancée ». Dans une déclaration du 24 avril aux employés, le directeur général Patrick Claes a remarqué : « Les présidents des

ploitation et de transformation du bois, *La Forestière de Campo* et la SIBAF (que le prince Philip a visitée en mars 1999). En janvier 1999, la SEPBC a acheté un publi-reportage dans *Le Messager* annonçant que, « pour répondre à l'augmentation du trafic de ces dernières années, l'entreprise a investi plus de 2,8 milliards de FCFA en 18 mois, dans les équipements de manutention, de livraison et de communication ». *Bolloré* a fait paraître la publicité au moment précis où l'interdiction d'exportation des grumes du pays était censée entrer en vigueur, comme prévu par la loi votée en 1994 par l'Assemblée nationale – une législation que la Banque s'empressa de décrier comme faisant obstacle au "libre commerce". Mais dans la partie finale du rapport de juin, nous apprenons que « la France et l'Union européenne ont été impliquées dans le développement des réformes du transport, particulièrement pour ce qui concerne la restructuration portuaire, l'entretien des routes et le secteur financier ».

Le programme de réhabilitation portuaire de 3 ans comprend un « programme d'urgence à court terme ». Une « lettre de politique de développement » en annexe s'en explique : « Afin de mettre en œuvre le plan de réhabilitation du port avec effet immédiat, le gouvernement, en accord avec les partenaires intéressés, a adopté un programme d'urgence couvrant certaines opérations prioritaires pour lesquelles des fonds ont été identifiés ». Elles comprennent : « la réhabilitation des postes d'amarrage et des aires de stockages, incluant les parcs à bois et les terminaux à conteneurs ». Mais pourquoi être si pressé ? Seulement quelques pages plus loin, la Banque reconnaît, dans sa présentation du secteur forestier, que « la gestion rationnelle et durable de la forêt aussi bien que la préservation des forêts de production sont sévèrement handicapées par l'absence d'incitations appropriées et d'institutions pouvant assurer la mise en place et le contrôle des plans d'aménagement ».

---

syndicats sont irresponsables, ils ne font plus partie de la société et vous poussent à l'action [ ]. Ils sont en campagne électorale ». Le gouverneur de la province du Littoral a immédiatement qualifié la grève d'« illégale ».

Camrail est apte à tirer des bénéfices énormes du pipeline Tchad-Cameroun. SDV-*Saga*, filiale de *Bolloré*, a remporté en 1998 le contrat de logistique pour ce projet. Les sociétés de *Bolloré* assurent 80 % du trafic dans le port de Douala. (*LdC*, 30/09/1999).

Un des « partenaires intéressés » au programme d'urgence semblait être le Japon, important acheteur de bois tropical. Le 24 juin 1999, ce pays signait avec le Cameroun un accord de prêt de 30 milliards de FCFA au siège de la Banque à Washington – le plus important accord japonais avec Yaoundé depuis 16 ans. Objet : la rénovation du terminal à conteneurs au port de Douala. Le marché de travaux a été attribué à la firme *Nippon Mitsui. Mitsui OSK Lines Ltd* a été le partenaire d'un échange frauduleux riz contre bois avec la première société forestière asiatique venue s'installer au Cameroun, la *Socathai*. Celle-ci a emporté du bois pour une valeur de 1,4 millions de dollars hors taxes ; ses comptes ont fait apparaître une "perte nette" sur cette transaction[54]. La Banque mondiale savait-elle que l'argent de la *Socathai* transitait par la *Citybank* et *la First Bank of Texas* ? Peut-elle en fait ne pas être au courant de ces pratiques et circuits "parallèles" ?

En juillet 1998, le secrétaire américain aux Transports, Rodney Slater, s'est rendu en visite au Cameroun. Il a rencontré le président Biya et le ministre des Transports, Joseph Tsanga Abanda. Slater a pu ou non être conscient du fait que Tsanga Abanda est lui-même forestier, agréé à la profession le 24 juillet 1995[55]. La revue *Economist Intelligence Unit* a rapporté que « le gouvernement américain était disposé à participer à la construction d'un port en eau profonde à Limbé, dans la province anglophone du Sud-Ouest, bien que la priorité du gouvernement soit la construction du port de Kribi, là où aboutira le pipeline Tchad-Cameroun – potentiellement hautement lucratif[56] ».

---

54. Document de l'auteur.

55. Il serait bon de savoir quelle société transporte le bois coupé dans les forêts du ministre des Transports (qui monte actuellement une nouvelle scierie à Obala, à mi-chemin entre Yaoundé et le département de M'bam-et-Kim, fief des Khoury et d'Hazim). De même, quel rôle les intérêts forestiers du ministre ont-ils joué dans l'octroi récent à une société privée, la *FAAB Industrie*, du monopole de l'enregistrement et des permis de circulation pour la totalité des véhicules du pays ? Cette société va être aussi chargée de percevoir les taxes en collaboration avec la gendarmerie et la police.

Une autre question pourrait être posée au ministre : pourquoi dépêcha-t-il en mission spéciale à Douala en octobre 1998 son directeur des Affaires générales ? Ce dernier a donné instruction au délégué des Transports de la province du Littoral de signer les accusés de réception d'un lot de moteurs hors-bord, de gilets de sauvetage et autres équipements pour une valeur de 131 millions de FCFA, alors que la délégation du Littoral n'a jamais reçu les dites marchandises.

56. *Economist Intelligence Unit*, 4ème trimestre 1998.

Pourquoi ne pas avoir *deux* priorités hautement lucratives ? La majorité du bois dans le Sud-Ouest est coupée par les Malaysiens avec les pires résultats[57]. Les Malaysiens utilisent les banques américaines. Les Américains aiment jouer la carte des provinces anglophones contre celle des provinces francophones. Biya aime jouer les Français contre les Américains, ou réciproquement.

Le 24 février 2000, Tsanga Abanda et l'ambassadeur américain au Cameroun, John Yates, ont signé un accord de financement de 125 000 dollars pour une étude de faisabilité du nouveau port de Limbé. L'argent provenait d'une branche peu connue du Département d'État appelée l'Agence de développement du commerce (TDA) – dont le matériel promotionnel ne fait pas mystère de ce dont elle s'occupe : « En Afrique, la TDA aide les firmes américaines en identifiant des projets importants de développement qui offrent un grand potentiel d'exportation et en subventionnant l'implication du secteur privé américain dans la planification des projets. Cela, à son tour, aide à positionner les firmes américaines pour les activités suivantes pendant la phase de réalisation. [...] La TDA s'efforce d'assurer que les services et les produits nécessaires pour les projets seront labellisés "Made in the USA". [...] En outre, la TDA a l'autorité statutaire pour faciliter l'accès aux ressources naturelles d'intérêt pour les États-Unis ». Bref, l'*American Way*, l'entreprise absolument libre, avec un petit peu d'aide du contribuable américain. Rien ne semble apte à étouffer l'appétit du Département d'État pour une plus grande part des "exportations" du Cameroun[58].

La publication inopportune d'un macabre document du

57. Par exemple dans les environs du Parc national de Korup.

58. Depuis quelques années, le "Guide Commercial" pour le Cameroun rédigé par le Département d'État à l'intention de l'investisseur avisé, a inclus parmi les « secteurs principaux pour les exportations et l'investissement américains », « équipement de manutention du bois [ ] à cause d'une expansion continue de l'industrie forestière », ainsi que « poids lourds et remorques » grâce à la même « expansion des opérations forestières ». Les contorsions de ce document sur les « points politiques principaux touchant le climat des affaires » et les sujets annexes sont seulement dépassées par celles du document correspondant consacré à la Guinée équatoriale. Celui-ci, publié deux mois après le procès au cours duquel quinze membres de l'opposition ont été condamnés à mort, parle de « lacunes occasionnelles dans le respect des droits de l'Homme » dans le pays. (Ayant maîtrisé l'art de croire ce que l'on veut, les auteurs dirigent le lecteur vers une source d'information intitulée « Opérations forestières en Guinée équatoriale moins dévastatrices que supposées »).

rapporteur spécial des Nations unies sur l'utilisation de la torture au Cameroun n'a pas suffi à refroidir l'enthousiasme du Département d'État. Pas davantage l'agression et le braquage manqué de la voiture de l'ambassadeur américain devant sa résidence à Yaoundé, deux semaines après la signature de l'accord avec la TDA. Le travail inexorable des relations publiques se poursuivait : le 3 avril 2000, le Premier ministre Musonge, au cours d'une longue visite aux États-Unis, a rencontré George Muñoz, PDG de la *Corporation d'investissement privé outre-mer* (OPIC). Ce riche partenaire, voué lui aussi à l'essor du secteur privé américain, n'a pas ménagé ses louanges : « *Le Cameroun est en train d'émerger comme un modèle pour les pays en voie de développement dans sa démarche d'encourager le développement des affaires et une forte économie de marché. L'OPIC s'attend à travailler avec le Cameroun sur les accords commerciaux que nous nous attendons à voir résulter de votre dur travail*[59] ».

On the Road Again

Dans la forêt camerounaise, le grumier est le roi de la route, lorsqu'il n'est pas le seul véhicule sur la route. Le 30 août 1999, un grumier en panne abandonné depuis plusieurs jours à la sortie d'Abong-Mbang était heurté par un minibus. Douze personnes furent tuées. Cet accident n'était que le plus récent d'une longue série qui ont ôté la vie à des centaines de Camerounais depuis que la valorisation de leur forêt s'est intensifiée, voici une décennie[60]. Tristement, il semble que le message de la Banque soit : *Keep on trucking*, "Roulez !".

---

59. Les clients de l'OPIC comprennent la *CMS Energy Company*, qui aurait foré des puits de pétrole en 1999 dans la Réserve naturelle de Douala-Edéa au Cameroun, ainsi que *Walter International*, la société pétrolière appartenant à l'ex-ambassadeur des États-Unis en Guinée équatoriale, à qui fut octroyé un permis de forage en 1991 dans le bloc Alba, renfermant 68 millions de barils. *Walter International* n'aurait versé au gouvernement d'Obiang que 10 % des 73,3 millions de dollars de recettes d'exportation provenant d'Alba (*Courrier International*, 11/06/1998). Les autres clients de l'OPIC comprennent *Caterpillar*, *Union Carbide*, *United Fruit Company* et *Unocal*.

60. Les forêts du Cameroun sont sous exploitation commerciale depuis cent ans. Le nombre total des morts attribuables directement à l'activité est difficile à calculer. Pendant toute la période coloniale, la filière camerounaise – comme celle du Gabon, beaucoup plus développée – était étroitement liée aux pratiques administratives de "recrutement" (le travail forcé) et de "regroupement" (la déportation des populations de villages ancestraux vers des agglomérations au bord des routes). Les témoignages contemporains indiquent que la dépopulation de régions entières a résulté des rafles de main-d'œuvre pour les concessions forestières et agricoles, et pour les travaux publics. Le syndicaliste français Gaston Donnat se rappelle :

« Ces regroupements forcés ont gravement perturbé les peuples forestiers. Il leur a été très difficile de retrouver des terrains de chasse ou même des surfaces cultivables suffisamment proches de leur nouveau village. Ils ont perdu leur environnement ancestral. Leurs croyances naturelles faisaient corps avec leur vie matérielle et leur organisation sociale ont été déphasées. [ ] Quelques médecins coloniaux honnêtes ont multiplié les rapports de mise en garde sur les conséquences de cette situation. Ils ont signalé [ ] l'aggravation de la malnutrition et de l'état sanitaire des populations. Ils ont chiffré, pour certaines régions du sud-est du Cameroun, jusqu'à 95 % de mortinatalité et un pourcentage énorme de stérilité féminine. Tel était le Cameroun que j'ai connu en 1944 ». (*Afin que nul n'oublie : l'itinéraire d'un anti-colonialiste, Algérie, Cameroun, Afrique*, L'Harmattan, 1986).

Gaston Donnat décrit le système du travail forcé dans les plantations de caoutchouc de la région d'Edéa pendant la guerre :

« Ces plantations appartenaient à la Société caoutchoutière des "Terres rouges" *[aujourd'hui une filiale de Bolloré Technologies]* ayant ses principales activités au Viet-Nam. Elles [ ] occupaient un très grand territoire entièrement clôturé, avec des gardes armés et même une geôle. Les travailleurs vivaient dans des baraquements ; ils étaient prisonniers et beaucoup d'entre eux ne revoyaient jamais leur village. *[Le chef de région]* Monsieur Tine nous expliqua comment étaient recrutés ces pauvres bougres. Il recevait un ordre de service du gouverneur le priant de fournir un nombre déterminé de travailleurs. [ ] Le chef de subdivision de N'Dikiniméki [ ] convoquait un certain nombre de chefs de village et les chargeait de désigner, chacun, un contingent d'hommes valides. Il n'est pas besoin de préciser les critères servant au choix . il suffit de savoir que les chefs pouvaient par préférence choisir n'importe qui. Au jour dit, les malheureux étaient rassemblés. On les reliait les uns aux autres par une corde attachée au cou et encadrée par des miliciens armés, la file lamentable gagnait [ ] le lieu de leur déportation. Les cris, les pleurs des femmes saluaient leur départ : il y avait si peu de chances de revoir ces hommes au village ! ».

Ce témoignage corrobore celui du curé de la paroisse de Yabassi, le Père Heberlé, pendant la même période rapporté par l'historien Léon Kaptue :

« Sur un télégramme impératif du gouverneur de fournir un nombre défini de manœuvres aux chantiers, le chef de circonscription intimait [ ] aux chefs supérieurs d'avoir à livrer dans un délai précis – 5 à 8 jours en général – un chiffre déterminé de recrutés. Afin de répondre à cet "ukhase" et d'éviter de très sévères sanctions [ ] de la part de l'administration, chacun rassemblait son artillerie et se mettait en campagne. De nombreux messagers et hommes de main étaient appelés en renfort. D'aucuns payaient de leur poche pour être recrutés comme tels. On n'hésitait pas à verser jusqu'à 500 francs, ce qui avait le double avantage d'éviter d'être soi-même recruté pour les chantiers, et de donner l'occasion de se rattraper sur ses frères nègres qui devaient rembourser plusieurs fois ce qu'on avait payé au chef. [ ] Les gens cherchaient refuge dans la brousse, les fourrés, les marécages, la forêt. [.] La vraie sélection s'effectuait à la cour du chef supérieur. [ ] Ceux qui ne pouvaient pas corrompre le chef [ ] étaient impitoyablement expédiés aux chantiers, ce qui équivalait généralement à une condamnation à mort [ ]

Tout comme la « Description du projet » de prêt de la SFI à l'UTC ne s'arrête pas sur les "effets induits" lorsqu'il s'agit de financer le plus grand transporteur de grumes dans la troisième plus grande forêt tropicale du monde, le programme sectoriel sur les transports du troisième crédit d'ajustement structurel (CAS III) oublie de mentionner le trafic des grumiers. Son plan de privatisation de l'entretien des routes établit un plafond pour les allocations destinées aux "routes rurales" – celles qui sont trop petites pour les grumiers – et s'attend à un impact positif « sur le secteur agro-industriel moderne » ; son résultat doit être de « réduire le coût [...] du transport routier ». Est-il possible que les banquiers de la Banque – peu connus pour leur subtilité – fassent allusion au prix du transport public ? Improbable. Une étude de la Banque datant de 1996, non citée dans le rapport du CAS III, démontre que les économies sur les routes de terre bien entretenues sont minimales pour les minibus, mais énormes pour ce qui est appelé pudiquement « les camions à trois essieux ». Voilà qui est un problème pour une stratégie de réduction de la pauvreté : les villageois ne possèdent pas de camions à trois essieux.

Comme tout volontaire du Corps de la Paix, la Banque sait que, s'il est bien de donner un poisson à quelqu'un qui meurt de

---

On a vu des gens qui, faute d'argent, ont mis leurs femmes et leurs filles en gage pour éviter cette condamnation. [ ] Comme il était de mauvaises augures que les recrues d'un chef fussent refusées pour une raison ou pour une autre, chacun d'eux mettait tout en oeuvre pour que les agents de l'administration ne trouvassent aucun défaut à leur "cargaison". C'est ainsi qu'interprètes et infirmiers se faisaient acheter au prix fort pour enregistrer comme valides des hommes dont la place toute indiquée se trouvait dans une infirmerie. [ ] Quelques années de ce régime et de ces pratiques entraînaient le dépeuplement rapide d'un village » (*Travail et main-d'œuvre au Cameroun sous régime français : 1916-1952*, L'Harmattan, 1987).

Le Père Heberlé rapportait que les recrutements dans la région de Yabassi étaient commandés « souvent sous l'instigation de l'administrateur européen cherchant lui-même à se justifier devant ses supérieurs, parfois directement intéressé par la SEFIC » – la Société d'exploitation forestière industrielle du Cameroun. Gaston Donnat confirme qu'« à "la bonne époque", entre les années 1920 et 1939, le Cameroun était une véritable chasse gardée où les différents services administratifs se trouvaient entre les mains d'équipes inamovibles parvenues à des postes de direction sans posséder, le plus souvent, la moindre qualification. En accord avec les cadres des sociétés commerciales coloniales et les [ ] coupeurs de bois, ces personnages étaient tout-puissants ». Dans une lettre datée du 20 juillet 1945 au gouverneur du territoire, le chef du service forestier lui-même confirmait les accusations du Père Heberlé

faim, il vaut mieux lui apprendre à pêcher. Le programme routier du CAS III n'est pas à proprement parler un cadeau aux exploitants forestiers, mais un moyen de les aider à s'aider eux-mêmes... à perpétuité :

> « Les autorités envisagent de gérer le réseau routier sur une base commerciale et de privatiser la majorité des travaux d'entretien. Cette stratégie nécessitera [...] la création d'un fonds routier, qui tiendra compte de l'avis des utilisateurs de la route pour déterminer comment les recettes seront dépensées. [..] Les charges d'utilisation du réseau seront incorporées directement dans le prix au détail de l'essence et du gasoil. [...] Le fonds routier sera géré commercialement par un conseil composé en tout premier lieu des représentants des utilisateurs, lesquels seront responsables de l'approbation des budgets routiers. L'administrateur du fonds routier, qui sera choisi par le conseil, approuvera les contrats routiers. »

Bien sûr, pour les transporteurs de bois, le carburant représente seulement une fraction de leurs coûts de transport et une fraction encore plus petite de leurs bénéfices. La même chose ne peut être dite du conducteur de taxi à Yaoundé ou à Douala, lui aussi utilisateur de la route, mais hélas non producteur d'un « produit d'exportation non pétrolier ». Après une hausse du prix de l'essence en septembre 1999 – liée sans doute au désir des sociétés de distribution de produits pétroliers de protéger leurs bénéfices après l'établissement du Fonds Routier – les chauffeurs de taxis déclenchèrent une grève nationale, paralysant ainsi l'économie du pays pendant une semaine.

Comme il ne mentionne pas qui sont les principaux utilisateurs de la route, le rapport de juin 1998 ne précise pas non plus qui sont leurs "représentants". *La Nouvelle Expression* rapporte :

> « À l'issue d'un congrès extraordinaire tenu à Yaoundé du 10 au 12 décembre 1998 portant essentiellement sur la révision des statuts du Syndicat des transporteurs routiers du Cameroun (SNTRC) et sur le renouvellement de son bureau national, il a été décidé de traduire en justice l'ancien président Pierre Sime pour "faux, usage de faux et pour autres malversations pendant la période de son mandat". Il convient de rappeler qu'un mois avant [...] une plainte pour détournements des fonds *[totalisant quelque 12 milliards de FCFA]* et non-respect des conventions inter-États (République Centrafricaine - Tchad) avait d'abord été déposée par les transporteurs chez le procureur près des tribunaux de première et de grande instance de Douala[61] ».

---

61. *La Nouvelle Expression*, 19/07/1999.

Deux autres plaintes furent déposées contre Sime – un pantin d'Hazim ? –, une à la direction de la police judiciaire et une autre à la légion de gendarmerie de la province du Littoral. Le nouvel élu à la place de Sime, Aoudou Bassirou, a écrit aussitôt au président Biya. Il évoque « l'atmosphère d'intrigue entretenue » dans le syndicat

> « tant par certains de ses membres ou adhérents nationaux que par les Libanais, gros exploitants du secteur usant de la corruption. Alors qu'en territoire camerounais, il existe bel et bien une loi qui stipule que toute personne physique ou morale ne peut pas être à la fois exploitant forestier et transporteur. [...] Or [...] les Libanais exerçant la profession forestière sont en même temps des transporteurs, allant même jusqu'à utiliser dans leur parc en matériel roulant des véhicules immatriculés en République Centrafricaine. Par exemple, sur un parc de 20 camions, 10 sont immatriculés au Cameroun et 10 autres en RCA *[République centrafricaine]* pour éviter les taxes ».

La lettre n'eut pas l'effet escompté. Sime, à ce qu'il paraissait, connaissait du monde. « Au rang de ses indéfectibles défenseurs, on cite le ministre des Transports, Tsanga Abanda », expliqua *La Nouvelle Expression*. En février, le ministre du Travail Pius Ondoua (présent au baptême de la scierie *Patrice Bois* au mois de juin suivant) dénonçait Bassirou à son collègue de l'Administration territoriale chargé de la sécurité intérieure : l'action prise par le nouveau président des transporteurs contre son prédécesseur « est de nature à porter atteinte à l'ordre public et social dans le domaine du transport routier ».

En juillet, la division de la police judiciaire du littoral émettait un avis de recherche sur Sime – qui entre-temps s'était fait rare –, autorisant les forces de l'ordre à « l'appréhender, le garder dans un poste de police ou de gendarmerie et aviser d'urgence la division provinciale de la police judiciaire du Littoral ». Il était recherché pour « détournement de deniers publics, abus de confiance aggravé, usurpation de titre et trafic d'influence ». Mais environ un mois plus tard, le dossier Sime était retiré sans explication à la police du Littoral par les autorités de Yaoundé. En septembre, non seulement Sime n'était plus en cavale, mais il était de retour à la tête de la SNTRC.

Six mois plus tôt, dans une lettre du 26 mars au ministre de la Défense Amadou Ali, l'éphémère président Bassirou s'était plaint du fait qu'un certain nombre de ministres, dont les noms n'étaient pas cités, faisaient obstruction à la justice dans l'affaire Sime. Fausse manœuvre. L'UFA présumée d'Amadou Ali à Lomié allait incessamment être sous-traitée à Hazim.

Les arbres et la forêt

Les conditionnalités propres au secteur forestier du CAS III auront vraisemblablement moins d'impact sur l'avenir de la forêt que ses autres dispositions. La remarque est peut-être moins ironique qu'il n'y paraît. En théorie, chaque tranche du prêt est conditionnée à la constatation de la bonne conduite dans le secteur, et une tranche dépend exclusivement de l'accomplissement d'une assez longue liste de réformes forestières. On peut se demander si ces conditionnalités aboutiraient à quelque chose au cas où la Banque voudrait vraiment qu'elles soient satisfaites. Comme manifestement elle n'y tient pas, la question est sans grand intérêt. Le gouvernement du Cameroun, la Banque le sait très bien, a besoin d'un secteur forestier non réformé pour financer le système qui le maintient en place. La Banque incorpore des conditionnalités environnementales à ses contrats de prêts pour garder les écologistes à distance, mais elle n'a pas besoin qu'elles soient respectées.

Dans son rapport de juin 1998, la Banque reconnaît que les permis d'exploitation sont habituellement octroyés sur une base plus politique que technique. La première tranche du prêt, qui a dû être subordonnée à l'annulation des attributions des UFA les plus scandaleuses, fut débloquée avant même que l'encre n'eut séché sur le papier de l'accord. Les « concessions provisoires [...] pour lesquelles les bénéficiaires n'ont pas [...] payé les garanties financières et les dépôts en accord avec le code forestier », auraient dû être annulées. Celles qui ont été maintenues devaient appartenir à de "bons payeurs". Ainsi les 64 961 hectares situés à proximité de la réserve du Dja, attribués au général Benoît Asso'o Emane – lequel s'empressa de les sous-traiter à la société française *Pallisco*. Et les 41 965 hectares de la commune de Ma'an, d'une riche biodiversité, octroyés (sur la base de l'offre ridicule de 400 FCFA par hectare) à la Compagnie forestière d'Assam (COFA) – laquelle appartient au neveu de Paul Biya, Bonaventure Assam Mvondo. Il faudrait encore évoquer, toujours dans la province du Sud, les 56 192 hectares offerts au hiérarque dévoué de l'armée camerounaise, le général Pierre Sémengué, d'origine béti comme le Président.

La deuxième tranche du CAS III fut décaissée en juin 1999, avant « l'adoption des règlements définissant les critères révisés de sélection » pour l'octroi des ventes de coupe et des UFA, et l'instauration « d'un mécanisme clair de validation du processus d'adjudication [...] par un observateur indépendant, choisi d'une façon satisfaisante pour l'Association *[Internationale du Développement]* ». Un appel d'offres eut lieu durant la première quinzaine du mois d'août, plus d'un mois après le décaissement. Alors seulement, il fut apparemment procédé au recrutement d'un expert indépendant, bien que la Banque reconnut avoir depuis juin une liste de candidats. Tel qu'annoncé officiellement, le poste était limité à la supervision de l'octroi des ventes de coupe, et non de l'octroi des UFA, comme le spécifiait la conditionnalité de la Banque. Il n'y avait aucune indication, au printemps, d'adoption d'une stricte stratégie « prenant en considération les conditions pour la gestion durable ».

Le moment choisi pour le décaissement de la deuxième tranche du CAS III était bien curieux : deux jours avant la date-butoir de l'entrée en vigueur de l'interdiction totale d'exportation des grumes – c'est-à-dire deux jours avant que l'abandon effectif de cette interdiction ne soit rendu public par décret ministériel. La réécriture par un ministre d'une loi dûment votée par l'Assemblée nationale n'est pas la sorte de bonne gouvernance que la Banque se flatte de sponsoriser. Dans la pratique des dépenses de l'ajustement structurel, le calendrier fait tout.

L'accord sur le prêt signé en août 1998 entre la Banque et le gouvernement contient une clause qui n'apparaissait pas dans le rapport de juin. La Banque, comme il est d'usage, fait référence à ce qu'elle qualifie gentiment d'une série « d'échanges de vues ». « Si, après l'un quelconque des échanges de vues, [...] l'Association a notifié à l'emprunteur que les conditions [...] ne sont pas remplies ou que les mesures prises [...] ne sont pas satisfaisantes et si, dans les quatre-vingt-dix (90) jours suivant la dite notification, l'emprunteur n'a pas rempli les conditions [...] ni pris les mesures [...], selon le cas, l'Association peut, par voie de notification à l'emprunteur, annuler tout ou partie du solde du crédit non retiré ». Quatre-vingt-dix jours ? La vente aux enchères des UFA a eu lieu en novembre 1997. La Banque la considère-t-elle comme « satisfaisante » ? Sinon, combien d'échanges de vue ont eu lieu avec l'emprunteur entre ce moment et juin 1999 ?

Selon le rapport, les Canadiens devaient jouer un rôle-clé dans l'assistance technique au gouvernement camerounais pour les éléments forestiers du CAS III. Le financement canadien d'un ambitieux programme d'informatisation des données du secteur forestier avait pour but d'augmenter la transparence et, en principe, les recettes fiscales. Quelques informations émises par le Système informatique de gestion de l'information forestière (SIGIF) – destiné à l'usage du donateur – ont tout l'air d'être traficotées[62]. Mais pour une parfaite transparence, il serait utile de savoir combien les Canadiens paient de loyer au propriétaire du bâtiment dans lequel est située leur ambassade au centre de Yaoundé : Stamatiades, de l'"Immeuble Stamatiades", est devenu exploitant forestier en 1998. Les Canadiens pourraient aussi s'interroger sur les relations de ce propriétaire avec les autres exploitants forestiers grecs du Cameroun, y compris George Demetriades et Marelis Panagiotis – dont les exportations furent interdites en 1998 pour cause d'évasion fiscale. Les autres locataires de Stamatiades comprennent la *Standard Chartered Bank* (dont l'ambassade des États-Unis est un client important), *Air France*, *Sabena* et le distributeur camerounais des tronçonneuses *Stihl*.

Vers la fin de 1999, le désir de la Banque de donner l'impression qu'elle faisait quelque chose pour la forêt a pris un nouvel essor. En décembre, deux équipes de grosses têtes du MINEF ont été dépêchées dans les provinces de l'Est, du Centre et du Sud pour inspecter personnellement les concessions. Leurs rapports de mission étaient brûlants. Les sanctions de l'adminis-

62. Un document interne du MINEF daté du 10 juin 1999 indique que sur 54 licences sur lesquelles des assiettes de coupe étaient attribuées ou renouvelées en 1997-98, 30 étaient déjà expirées ; cependant, un document du SIGIF du 16 juin 1999 montre qu'aucune n'était expirée. Les 30 ont-elles toutes été renouvelées dans l'espace de 6 jours ? Pourquoi la date d'expiration de 41 des 50 licences listées dans le deuxième document est-elle le 30 juin 1999 – soit deux semaines après que la liste fut rédigée ?

tration ne l'étaient pas. La loi fixe des amendes, des dommages et intérêts, ainsi que des peines de prison assez rudes pour les infractions que les enquêteurs ont relevées. Mais la plupart des sociétés impliquées s'en sont tirées avec des amendes équivalant au coût d'extraction d'environ cinq chargements de billes. Aucune d'entre elles n'a dû payer des dommages et intérêts basés sur les valeurs mercuriales des volumes illégalement abattus – alors que les législateurs voulaient clairement que de telles indemnisations constituent le principal des sanctions. Dans plusieurs des cas concernés, cela aurait multiplié par des dizaines de fois le montant de l'amende imposée.

Ce n'était pas la première fois que le ministre de l'Environnement et des Forêts s'arrogeait un pouvoir qu'il n'a pas : l'imposition des sanctions pécuniaires ne relève pas de sa responsabilité mais, bien évidemment, de celle de la justice. Le silence du communiqué du MINEF à propos des dommages et intérêts peut avoir une explication particulière : la loi accorde 25 % des recettes provenant des sanctions forestières aux « agents des administrations chargées des forêts [...] et de toute administration ayant participé aux activités de répression et de recouvrement ».

La seule société que le MINEF n'ait pas attrapée en flagrant délit s'est vu exceptionnellement octroyer une assiette de coupe de plus que la loi ne le permet. Au Cameroun, la récompense pour avoir respecté la Loi est une permission spéciale de la violer[63].

---

63. Neuf jours avant l'imposition des sanctions, un appel d'offres a été lancé pour la série suivante des très rentables permis court-terme, les ventes de coupe. Heureuse surprise pour les forestiers : 52 permis de plus que prévu pour l'année par le document de planification du MINEF (juin 1999) étaient mis aux enchères(correspondant au reliquat de l'exercice antérieur). Un audit du secteur forestier exigé par la Banque, édité en janvier 2000, déclare au sujet des ventes de coupe : « L'impact global de ce type de pratique [ ] sur les écosystèmes forestiers [ ] peut être considéré comme très négatif ». Il ajoute : « La grande majorité des coupes [...] réalisées semble relever de pratiques illégales (pas de titre, titre périmé, mais surtout débordement des limites de coupe), ce qui représente au moins la moitié des cas pour une estimation basse et prudente, et localement cette pratique pourrait concerner 8 à 9 coupes sur 10, particulièrement dans la province de l'Est ». Quarante et une (ou 28%) des 147 nouvelles ventes de coupe proposées en mars étaient situées dans la province de l'Est. L'audit cite une étude sur une vente de coupe à la lisière de la réserve du Dja qui a trouvé des prélèvements « effectués sur environ 12 300 ha au lieu des 2 500 ha du titre, soit près de cinq fois la surface autorisée ».

Il ressort clairement de l'audit non seulement que le régime des *ventes de coupe* ne contribue pas au développement local, mais qu'il est un obstacle à celui-ci, contribuant

Comment se retrouver ruiné

Dommage que les Canadiens ne produisent pas de données informatisées sur d'autres secteurs de l'économie du Cameroun, la loterie nationale du Cameroun par exemple, un temps gérée par la *Canadian Bank Note International* (CBN). Le précédent directeur de la *LoNaCam*, un Israélien, avait hâtivement quitté le pays dans des circonstances qui ne sont pas claires, et sont clairement destinées à le rester. Il semble cependant qu'il soit parti plus riche qu'il n'était arrivé, et qu'une certaine pression ait été exercée à son encontre par le ministre de l'Administration territoriale de l'époque, Gilbert-Andzé Tsoungi. Celui-ci était actionnaire du PMUC, le concurrent nouvellement installé et déjà bien rentable de la *LoNaCam*. Charles Pasqua est présenté par la presse camerounaise comme l'éminence grise du PMUC. Lui qui « voit d'un mauvais œil la sécurité israélienne » en Afrique[64] et entretient de bons contacts avec le régime soudanais, n'a probablement pas regretté le départ de l'Israélien.

Fait intéressant, *LoNaCam* se ruina quelques mois seulement après que Neil Hamilton, de la CBN, ait été dépêché au Cameroun en 1995 pour empêcher que cela n'arrive. Afin de commercialiser quatre de ses nouveaux jeux (dont l'un portait le nom de *Jungle Bucks*) la CBN prêta à la loterie 120 millions de FCFA. Douze millions de billets furent imprimés – et 66 500 vendus. Comment le chiffre de 12 millions fut-il choisi ? C'est difficile à savoir : la population du Cameroun compte moins de 9 millions d'adultes. L'ancien président du conseil d'administration et du comité de direction de *LoNaCam*, Jérôme-Émilien Abondo, n'a pas apprécié les insinuations du *Messager*, selon

---

plutôt au contre-développement. Il comporte un « investissement en force de travail *[qui]* est quasi nul ». La pratique associée des paiements directs aux riverains est responsable d'un « total manque de confiance à l'égard de l'autorité communale » « L'argent distribué sert essentiellement à l'achat de boissons alcoolisées », il exacerbe les « difficultés d'organisation » et « la faiblesse des chefferies et des systèmes de pouvoir au village, particulièrement dans l'est du pays ». Ce qui engendre souvent des « conflits internes, parfois violents ». Là où l'argent du "développement" est versé à la commune rurale, « la pratique la plus largement répandue » est la « surfacturation des investissements et le détournement des fonds par l'entrepreneur » – « ce qui constitue une contrainte majeure [ ] en terme de développement local ». L'audit a été soumis au gouvernement du Cameroun en janvier 2000. La réalisation des réformes issues de ses conclusions devait avoir lieu en avril au plus tard.

64. *Le Monde*, 03/03/1995.

lesquelles il se serait passé quelque chose d'inapproprié avec le prêt. En août 1999, il menaça le journal de poursuites judiciaires pour avoir déclaré : « l'argent prendra cependant une autre destination[65] ».

C'est Bob Washington, avocat américain et lobbyiste de Biya, qui avait arrangé le mariage de la CBN et de la *LoNaCam*. En 1997, il dépêcha un autre émissaire au Cameroun, un dénommé Alonzo Wallette, dont la mission était de "renégocier" le premier contrat et de regagner l'argent que la CBN avait investi jusque là, soit près de 400 millions de FCFA. Les nouveaux termes du contrat étaient plus confortables pour les Canadiens. Un maigre 13 % des recettes annuelles de la nouvelle *Lotolec* était destiné au budget camerounais (comparé à 30% ailleurs). Mais ces recettes n'étaient pas grand chose. En novembre 1999, la *Lotolec* a mis la clef sous la porte. *Le Messager* a estimé ses investissements totaux depuis 1997 à 2,1 milliards de FCFA. L'aventure camerounaise de la CBN aurait-elle pu échouer plus rapidement ou plus complètement si tel avait été son but ?

La fièvre du cobalt

Les Américains au service de la Banque mondiale au Cameroun semblent souvent indifférents à la forêt. Les Américains travaillant au Cameroun pour le Département d'État semblent souvent inconscients qu'il en existe une. Un permis de recherches octroyé par décret présidentiel en janvier 1999 a donné l'autorisation à *Geovic*, une société minière basée en Oregon, spécialisée dans le cobalt et le nickel, de creuser dans presque 5 000 kilomètres carrés de biodiversité – à seulement 30 km de la réserve du Dja. L'obtention du décret a évidemment requis un peu de dextérité. Dans une lettre du 2 février 1999, le directeur bamiléké de la société-écran camerounaise de *Geovic* (qui par chance est le beau-fils du premier vice-président du pays, John Ngu Foncha) a remercié l'ambassadeur américain, Son Excellence John Yates, de son « appui » pour la signature

65. Présidée par Abondo, *Cameroon Airlines* a confié l'entretien de son 747 à la compagnie *Air France*, dont la proposition était de 6 millions de dollars plus élevée que celle du meilleur concurrent (*LdC*, 05/11/1998). Mais c'est une autre histoire...

du décret. Il saisit l'opportunité pour exprimer « nos sincères remerciements pour les efforts fournis par votre ambassade dans cette affaire » et « souhaiter plus de collaboration ».

Au cours des deux années précédant l'octroi du permis, *Geovic* avait creusé des puits de 15 mètres et exporté des échantillons de latérite aux États-Unis. N'était-ce que des échantillons ? En février 1999, *La Nouvelle Expression* signala que plusieurs tonnes de prélèvements de *Geovic*, jugés « *suspects* » par le secrétaire général du ministère des Mines, de l'Eau et de l'Énergie, s'étaient vu refuser un permis d'exportation[66].

Depuis que *Geovic* est arrivée dans la forêt, en compagnie du secrétaire général à la Défense Jean-Marie Aleokol, elle viole la loi camerounaise de 1996 sur l'environnement. Selon son article 17, « tout projet d'aménagement, d'ouvrage, d'équipement ou d'installation qui risque, en raison de sa dimension, de sa nature ou des incidences des activités qui y sont exercées sur le milieu naturel, de porter atteinte à l'environnement » doit être précédé par une étude d'impact environnemental. Les recherches en vue de l'exploitation de mines de cobalt et de nickel à côté d'un site de 4 876 km² inscrit au patrimoine mondial – une région peuplée, vallonnée, et comptant beaucoup de rivières – le mériteraient sûrement. Au cours d'une longue carrière, le vieil ambassadeur Yates a été un peu partout en Afrique. Le Cameroun, dit-on, sera son dernier poste.

Un article paru dans *La Nouvelle Expression* du 16 juin 1999 annonçait que l'exploitation du gisement de *Geovic* était imminente. « Il ressort que la zone de Kamouna dont le potentiel est supérieur à deux mille puits est le site sur lequel devront être installées les structures d'exploitation ». Le journal citait « un recensement des populations riveraines et de toutes les essences forestières effectué par la société [...] pour, dit-on, destruction de la forêt et d'éventuels dédommagements des habitants ».

Sur le plan de zonage forestier de 1995, on peut voir à l'est de Lomié une petite zone indiquée « zone d'exploitation minière exclusive » ; il s'agit d'une minuscule fraction de la concession de *Geovic*. Le permis de recherches de la société n'est évidemment pas public. À part les employés de l'ambassade américaine, il est peu probable que quelqu'un au Cameroun

---

66. *La Nouvelle Expression*, 24/02/1999

(y compris apparemment *La Nouvelle Expression*) sache que la superficie attribuée à la firme est presque égale à celle de la réserve du Dja elle-même. L'article continue,

> « Au niveau de l'emploi, on parle essentiellement de l'esclavage. En effet, les jeunes gens recrutés pour les forages et les sondages se sont retrouvés à creuser jusqu'à 17 mètres sous terre pour moins de 20 000 FCFA le mois, sans tenues de travail, ni la moindre protection contre les multiples gaz du sous-sol, ou le moindre traitement. La société ne dispose pas d'une pharmacie même pour les premiers soins et de nombreux cas de maladie sont relevés. Seul un parent du responsable camerounais de l'entreprise y vend à prix d'or des médicaments pharmaceutiques. [...] La construction des bureaux en matériel provisoire révolte, car démontrant du peu d'intérêt que l'on porte à la construction des infrastructures durables dans le coin. Sans oublier le braconnage systématique et le pillage de la forêt. Face aux risques de voir ces minerais s'en aller comme c'est le cas pour le bois, sans la moindre contrepartie, [...] l'on exige avant toute exploitation que la société prenne des engagements [...] pour le développement de cette région enclavée [...]. Pour formaliser ces revendications, un "noyau dur prêt au sacrifice suprême" travaille déjà d'arrache-pied. [...] Toutefois, depuis la découverte des minerais [...], les responsables [...] de la société américaine [...] s'activent [...] pour empêcher toute prise de conscience. Ainsi, la corruption est utilisée pour anéantir la grogne des élites, des notabilités traditionnelles. Des autorités administratives et certains riverains se "sucreraient" dans l'affaire ».

Au Cameroun, donner des noms s'avère une occupation à peu près aussi malsaine que travailler dans les mines de cobalt. À quelques kilomètres seulement de la forêt de *Geovic* se trouve l'UFA présumée d'Amadou Ali. Un article de juillet 1999 dans *Jeune Afrique*, intitulé *Cameroun : Qui gouverne ?*, présentait les quatre hommes les plus puissants du pays. Amadou Ali y est décrit comme « féru de renseignement (c'est, dit-on à Yaoundé, l'un des hommes les mieux informés du Cameroun... après Biya)[67] ».

Le 22 septembre, *La Nouvelle Expression* publiait une page et demie de courriers reçus depuis juillet, intitulée *Les gisements ne posent aucun problème*. Ils étaient accompagnés d'une petite note de la rédaction spécifiant qu'ils étaient publiés « par pure bonté de cœur ». De même qu'il est difficile de croire que les auteurs des lettres en question soit ceux qui les ont signées,

---

67. *Jeune Afrique*, 06/07/1999.

il est très peu probable que *La Nouvelle Expression* fasse quelque chose par seule bonté de cœur.

Le premier courrier, signé par une poignée de résidents du village de Kongo et par une plus grande poignée d'"élites externes", déborde d'amour pour la firme américaine, en insistant sur le fait que ses employés sont nourris de sardines et non de gorilles, et prétendant qu'ils ont un accès gratuit à l'aspirine. Les "réalisations sociales" mentionnées comprennent la construction d'une école (fabriquée de terre) et d'autres réalisations un peu plus vagues : « organisation des fêtes et des événements, amélioration de l'habitat, secours individuels immédiats, promotion [...] de la femme ». Le deuxième courrier, qui n'ajoute pas grand chose, est signé par un ancien député résidant à 20 kilomètres de la base de *Geovic* et qui avait construit le chantier de Lomié de la firme forestière française SFID. Le troisième, ostensiblement du chef de poste forestier, a beaucoup à reprocher à ces ONG que la Banque mondiale aime citer comme évidence d'une société civile florissante :

> « Nous ne recevons pas de leçons des ONG. [...] Les ONG devraient laisser des traces lors de leur passage. [...] Les agents de ces ONG [...] sont les premiers acteurs du braconnage à Lomié. [...] Si le monde entier met un accent particulier sur les conséquences fâcheuses de la destruction de [...] l'environnement, ce n'est pas une raison pour que les ONG locales en abusent [...] pour se permettre d'écrire n'importe quoi à l'intention de l'opinion internationale [...] alors que le but est de semer le désordre et de compromettre nos activités. [...] Ce que nous constatons, ce sont certains expatriés, qui sillonnent le coin de jour et de nuit, accompagnés des agents des ONG locales comme des espions, pour rechercher des renseignements ».

En plus d'être « passionné d'histoire » et un « nationaliste ombrageux », Amadou Ali est, il convient de le répéter, « féru de renseignement ».

Dans une réponse à une lettre de *Rainforest Action Network* du 30 avril 1999, le président de *Geovic*, George Buckovic, ne ment pas moins de huit fois dans l'espace de dix phrases – sans compter : « Nous partageons votre respect et vos préoccupations en ce qui concerne le monde et l'environnement dans lesquels nous vivons ».

La duperie la plus vénérable (« Les ouvriers locaux sont payés à un taux qui excède de beaucoup le salaire moyen journalier dans la province ») a été utilisée depuis longtemps, bien avant que le mot "globalisation" ne soit venu remplacer celui d'"impérialisme". Ce n'était pas très convaincant à l'époque, particulièrement chez les ouvriers ; ce ne l'est toujours pas. La question mérite une étude plus approfondie de la part de Monsieur Buckovic et des forestiers. En 1894, la *Kamerun Land-und-Plantagen-Gesellschaft* payait à ses ouvriers qualifiés travaillant dans les plantations un salaire mensuel moyen équivalant à l'époque à la valeur d'un mètre cube de bois d'acajou. Le salaire mensuel de la plupart des ouvriers travaillant maintenant pour les maîtres expatriés dans la forêt camerounaise représente seulement un pour cent du prix actuel d'un mètre cube d'acajou.

Vacances, affaires, etc.

En novembre 1998, une délégation d'Américains dirigée par Marion Barry, l'ex-maire de Washington, a débarqué au Cameroun. Elle était supposée être composée « de plus d'une vingtaine de maires et d'hommes d'affaires, principalement de la communauté afro-américaine », selon le *Cameroon Tribune*[68] (Bob Washington, lobbyiste de Biya à Washington et lui-même afro-américain, était certainement au parfum de ce voyage). En plus du président Biya, du Premier ministre Musonge et du secrétaire général de la présidence Hamidou Marafa Yaya, les Américains eurent la bonne fortune de s'entretenir avec les ministres des Finances, des Transports, de l'Agriculture, du Tourisme, du Commerce et du Développement industriel, des Mines, des Relations extérieures, de l'Administration territoriale. On ne sait pas si le président Biya savait que l'organisateur du voyage, le prince Asiel Ben Israel, alias Warren M. Brown, avait été condamné en 1985 à 30 ans de prison pour avoir géré, à Chicago, un réseau de contrefaçon spécialisé dans les permis de conduire, les passeports, les cartes de crédit, les permis de port d'armes et les actes de naissance. Mais on ne sait pas non plus ce que Ben Israel et son entourage faisaient au Cameroun. Selon un rapport, à en juger par leur itinéraire, leurs sphères d'intérêt comprenaient « le transport maritime » et « le bois »[69].

---

68. *Cameroon Tribune*, 10/11/1998.
69. Ibidem.

Cette visite soulève un certain nombre de questions. Parmi les 26 membres des *Black Israelites*, la secte que Ben Israel utilisait comme écran pour son opération de Chicago, certains étaient-ils présents dans la délégation ? Quels faux passeports africains et timbres d'entrée le FBI a-t-il saisi en 1985 lors de sa perquisition dans l'atelier de Ben Israel, et quels étaient les pays de destination des billets d'avion qui y ont été trouvés ? Quel rôle le Révérend Jesse Jackson, le seul politicien américain notable à visiter le Cameroun depuis les élections frauduleuses de 1992, a-t-il joué dans la réduction de la peine de Ben Israel ? Qu'est-ce que le ministre camerounais des Relations extérieures a fait du télégramme envoyé en novembre 1997 par l'ambassadeur du Cameroun à Washington, avertissant le gouvernement à propos de Ben Israel (lequel venait de visiter le pays un mois auparavant avec une autre délégation, en qualité d'observateur non accrédité d'un scrutin électoral truqué) : « aucune de ces personnes n'a demandé de visa à l'ambassade. [...] Tout semble indiquer qu'elles ont systématiquement évité l'ambassade. [...] La stature et la crédibilité de [...] ces personnes ne sont pas évidentes » ?

Un des confidents les plus puissant de Paul Biya, le secrétaire général adjoint de la présidence (et actionnaire présumé de la SFDB) Inoni Ephreim, a été chargé d'aller personnellement à Douala, le matin de l'arrivée des Américains, afin de réserver pour eux 25 chambres à l'Hôtel Sawa – avec consigne à la direction d'annuler les réservations de plusieurs autres clients. Pour sa part, Marion Barry venait de présider le premier *Africa Business Day* organisé par la Banque mondiale à Washington. Dans un de ses points de presse, il a affirmé que le président Biya « *fait partie du nouveau leadership, je pense, en Afrique. Plus progressiste et à l'esprit ouvert, pas dictateur mais très concerné par le peuple du Cameroun* ». L'ambassade US à Yaoundé était-elle d'accord avec l'assertion de *La Nouvelle Expression* selon laquelle Ben Israel travaillait comme informateur pour le FBI depuis sa libération de prison ? Et dans ce cas, en a-t-elle avisé les autorités camerounaises ?

IV

Les Français :

We'll always have Paris

Pris à part, Robert Coron est un vrai nounours. Forestier bourru et figure éminente de la communauté française expatriée de Yaoundé, membre influent du tout-puissant Groupement interpatronal du Cameroun (GICAM) et parmi les critiques les plus féroces des détracteurs de l'industrie forestière, il est dans son cœur un grand sentimental. Il aime raconter des histoires sur le bon vieux temps, quand papa était administrateur du nouveau territoire récemment arraché aux Allemands, quand le carrefour maintenant dominé par la Poste centrale, juste au bout de la rue de la scierie des Coron, était un point d'eau pour les éléphants errants. Le bureau de Coron fils est décoré de petits objets qui semblent être destinés à amener – ou à forcer – la chance : parmi les plus impressionnants, on remarque une photographie, joliment encadrée, montrant Robert embrassé par Jacques Chirac.

La sentimentalité n'est qu'un des nombreux luxes que les voisins de Coron ont appris à ne pas se permettre. « *L'eau entre dans la maison. Elle monte jusqu'au niveau des lits !* », dit un chef de famille. Il y a une soixantaine d'années, les ancêtres de Coron construisirent la scierie actuelle sur la rivière Akeu – frontière à l'époque entre la tribu des Ewondo et celle des Bene. Le cours d'eau avait été canalisé sous l'édifice. De nos jours, lorsque la pluie tombe – six mois par an – les habitants du quartier résident dans un marécage artificiel : les deux tuyaux de canalisation censés diriger l'eau sont trop petits et rapidement saturés. Avec l'eau stagnante arrivent bien sûr des nuées de moustiques et, avec les latrines délabrées, des vagues de maladies. Aucune des plaintes formulées par les riverains au cours des années, y compris celle du premier délégué de la ville de Yaoundé, le défunt André Fouda, n'a produit le moindre résultat.

Dégager le passage de sa rivière ne tuerait pas Robert Coron. En dépit d'un lobbying sans relâche pour faire baisser les taxes forestières – parfois accompagné de menaces de plier bagages –

il s'en tire assez bien. Sa société est l'une des deux seules à qui furent octroyées des UFA par décret, à titre exceptionnel, en mars 1996 (136 760 hectares) – c'est-à-dire en flagrant délit de la loi de 1994, qui stipule que de telles attributions doivent se faire uniquement aux enchères. Les dépenses de Coron seraient bien maîtrisées. Aucune de ses propriétés n'est à plus d'une journée de conduite confortable du port, et le salaire de base à la scierie n'excède pas 123 FCFA de l'heure. Si la valeur du bois sur le marché est remarquable – quelques mètres cubes se vendent au prix d'une petite voiture – la valeur horaire de la main-d'œuvre dans son usine l'est aussi – c'est un peu moins du tiers du coût d'une simple bière[70]. Une précision : si la main-d'œuvre de Coron coûte trente ou quarante fois moins que la même main-d'œuvre dans son pays natal, la bière au Cameroun coûte la moitié de ce qu'une bière de la même marque coûte là-bas.

Coron connaît aussi l'importance de réduire les avantages en nature non nécessaires et coûteux – les toilettes par exemple. Pisser sur place dans la sciure, voilà qui est bon pour la productivité. Tout le monde chez Coron est plutôt jeune – excepté Coron. Personne ne reste là très longtemps, ceux qui se plaignent ou qui traînent la patte sont *invités* à partir, et aucune ânerie syndicale n'est tolérée. La conformité au Code du travail camerounais de 1992, qui fixe la semaine de travail à 40 heures (article 80) et impose 24 heures consécutives de repos par semaine (article 88), est douteuse.

En novembre 1999, un mécanicien chez Coron appelé Justin Eba'a a porté plainte contre le directeur général Jean Liboz pour... torture. Liboz, normalement calme, est accusé d'avoir commandé aux gardiens de l'usine de ligoter Eba'a, de l'attacher, agenouillé, à l'antivol de la fenêtre du bureau et, devant les autres ouvriers, de le bastonner. Eba'a possède un certificat médical qui mentionne, « traumatisme crânien sans notion de perte de connaissance ; œdème du cuir chevelu temporal gauche en cours de résolution ; contusion des articulations temporo maxillaires rendant la mastication difficile ; contusion abdo-

---

70. Le chiffre d'affaires annuel de l'usine est de plus de 3 milliards de FCFA. Ses bénéfices semblent transiter par une certaine *Amsbacher Co* de Monaco.

minale ; œdème des poignets en cours de résolution ; préjudice moral important ». Contacté par les impitoyables journalistes du *Cameroon Tribune* pour commenter ce certificat, M. Liboz a reconnu un problème de la direction avec cet employé : « *M. Eba'a et ses complices* [...] *se livraient à un trafic de carburant et de bois. Le manque à gagner représente pratiquement 40 % de notre chiffre d'affaire* ». Mais « M. Liboz jure, la main sur le cœur, qu'il n'a jamais frappé ni injurié aucun de ses agents. « *Ici nous travaillons en famille* », clame-t-il. En mars 2000, Liboz a démissionné de son poste de directeur général et d'administrateur adjoint de Coron.

Plus jeunes encore que les employés de Coron sont les enfants qui passent leurs journées à récolter la sciure rejetée par l'usine dans un conteneur situé juste de l'autre côté de la clôture. Le conteneur a été la réponse trouvée il y a quelques années à une augmentation perceptible des maladies respiratoires parmi la population locale. À cette époque, la sciure était rejetée à l'air libre. Si les enfants dans le conteneur gagnent plus d'argent que les adolescents dans l'usine (la sciure, utilisée pour les fours ménagers, est vendue au quartier jusqu'à 200 FCFA le sac), ils ne bénéficient pas des mêmes avantages que leurs aînés. À l'intérieur de l'établissement de M. Coron on trouve une grande affiche, "Défense de travailler sans masque" ; presque personne ne porte un masque, tout le monde travaille. Dans le conteneur il n'y a pas d'affiche.

Il est peu probable que Coron, chevalier de la Légion d'honneur, officier et chevalier de l'Ordre national du mérite, commandeur et chevalier de l'Ordre de la valeur, chevalier du mérite camerounais et, depuis 1994, conseiller du commerce extérieur de la France, ait trouvé le temps d'informer ces petits entrepreneurs des risques qu'ils encourent. *La Revue du Centre Technique du Bois et de l'Ameublement* de juillet 1998 indique : « Un certain nombre de maladies professionnelles sont reconnues comme étant imputables à l'exposition aux poussières de bois », y compris « dermites, conjonctivites, rhinites, asthme, dyspnée asthmatique, syndrome respiratoire, fibrose pulmonaire et cancer de l'ethmoïde ». Bien que la *Revue* spécifie que « ces cancers de l'ethmoïde, reconnus maladies professionnelles, sont de 20 à 40 cas par an » en France, elle ne propose pas de chiffres pour l'industrie française implantée hors métropole. Elle fait l'éloge d'une récente législation française qui fixe « des valeurs limites indicatives sur la concentration maximale des poussières de bois dans les locaux de travail [...] à 1 mg/m³ de poussières inhalables à partir du 1er janvier 1997 ». Et elle se réjouit du fait que « la France est [...] en tête des pays puisque la majorité des pays industrialisés ont fixé des limites qui se situent entre 2 et 5 mg/m³ ». Est-ce que les enfants dans le conteneur cancérigène auraient autant de cœur à l'ouvrage s'ils apprenaient que « les études épidémiologiques montrent que l'apparition de [...] cancer n'a lieu que chez des personnes qui ont été exposées aux poussières de bois durant leur vie professionnelle » ? Leur vie professionnelle vient de commencer. Parfois, leurs poumons font mal, disent-ils. À la fin d'une longue journée professionnelle, ils boivent du lait sucré pour calmer la douleur.

Ministre obligeant

Avec leur monopole disparu mais leur appétit de profits intact, les coupeurs de bois français au Cameroun ont depuis longtemps ravalé leur orgueil. Aujourd'hui, ils font affaire avec tout le monde et n'importe qui. Les Français sont présents dans tous les réseaux et tous les rackets du pays. Mais si *Rougier*, *Thanry*, *Bolloré*, *Pallisco* et *Coron* sont aussi aptes que leurs connexions non françaises à prendre des libertés graveleuses avec la loi, leur énorme machine de relations publiques – le gouvernement français – réussit généralement à garder les projecteurs braqués sur les énormités des Malaysiens, des Libanais ou des rusés Anglo-Saxons.

L'article 71 de la Loi forestière de 1994 est assez clair. Il stipule : « Les grumes sont transformées par essence à hauteur de 70 % de leur production par l'industrie locale pendant une période transitoire de cinq (5) ans à compter de la date de promulgation de la présente loi. Passé ce délai, l'exportation des grumes est interdite et la totalité de la production nationale est transformée par l'industrie locale ». Depuis que la loi est parue, il est clair qu'elle ne convient pas aux forestiers. Les gros profits du bois tropical sont dans les grumes, exportées vers les élégantes unités européennes. Le marché pour le bois débité en Afrique, dans des scieries miteuses avec de l'équipement d'occasion, est, évidemment, beaucoup moins intéressant. Un premier signe de magouille apparut lorsque le ministre de l'Environnement et des Forêts, dans une génuflexion devant le calendrier des affaires, reporta l'échéance du 19 janvier 1999 au 30 juin, la fin de l'année fiscale. Le beau parleur Sylvestre Naah Ondoua est un ancien banquier : avant de travailler pour l'environnement, il travaillait pour le *Crédit Foncier du Cameroun*.

Les amis de l'industrie étaient maintenant contactés pour de bon. « À deux mois de cette échéance fatidique », rapportait *La Nouvelle Expression* (citant *La Lettre du Continent*), « les forestiers (les groupes *Thanry* et *Rougier* en particulier) qui dominent ce secteur très sensible, soutenus par ceux d'autres nationalités, essaient de faire reporter à nouveau cette décision. [...] Après les multiples démarches effectuées auprès du ministre en charge des forêts dans le but d'abolir cette loi, [...] cette fois, ils souhaitent voir Chirac intercéder en leur faveur en se rendant personnellement au Cameroun[71] ». Et *Dikalo* écrivait : « Pour bloquer la mise en application de cette nouvelle loi, les forestiers prédateurs multiplient [...] des pressions sur Yaoundé, notamment auprès du ministre de l'Environnement et des Forêts, Sylvestre Naah Ondoua, et au secrétariat général de la présidence de la République où le Libanais Hazim Hazim active ses réseaux auprès de Franck Biya[72] ». Face à de telles pressions, l'État de droit avait peu de chance : il y eut même une indication fugace du prix auquel il aurait été vendu. Une dépêche de *La Nouvelle Expression* du 12 mai 1999 disparut aussi vite qu'elle fut annoncée :

> « Selon nos informations, les autorités françaises viennent d'informer discrètement le chef de l'État camerounais Paul Biya des importants mouvements de fonds effectués ces jours-ci par un membre du

71. *La Nouvelle Expression*, 17/05/1999. Le 20 janvier 1999, Valéry Giscard d'Estaing était à Yaoundé pour voir Paul Biya. *Le Messager* (22/01/1999) spéculait : « Les exploitants français seraient très inquiets de la décision du gouvernement camerounais de mettre en oeuvre effectivement la loi de 1994. [ ] L'ex aurait porté cette préoccupation au président Biya. Qu'est-ce qu'il lui a promis en retour ? Rien ne filtre ».
72. *Dikalo*, 03/06/1999.

gouvernement camerounais dont les services sont logés dans l'immeuble ministériel n° 2. Le total des dépôts effectués, qui atteindrait le milliard, aurait surpris, dans la mesure même où le dépositaire est connu pour être à peine entré au gouvernement – il a été nommé le 7 décembre 1997. Ce ministre aurait eu recours, pour certaines opérations, aux services de certaines personnes en service à l'ambassade du Cameroun à Paris ».

À peu près un mois plus tard, le ministre de l'Environnement et des Forêts émettait la circulaire n° 1719 qui vidait la loi de son contenu. Avec la finesse qui lui est propre, Naah Ondoua trouva tous les mots justes. Des « autorisations spéciales » seraient accordées pour continuer l'exportation des deux essences les plus coupées du pays, l'ayous et le sapelli, lesquelles comptent pour environ 50 % des exportations. Les essences comprises dans une longue liste des « essences à promouvoir », soit 30 % des exportations, seraient également exemptées de l'interdiction sans qu'il soit besoin d'autorisation spéciale[73]. Un « comité mixte administration forestière – professionnels de la filière bois » serait mis en place (suivant l'Arrêté conjoint n° 0796), chargé de la lourde tâche de distribuer les « autorisations spéciales ». La composition exacte du comité n'était pas spécifiée. Quant aux critères pour l'émission des permis, les membres du comité prendraient en considération « l'effort de promotion à la transformation ou à l'exportation des essences de 2e catégorie ». L'arrêté néglige de définir l'« effort ». Tout comme pour les cadeaux, où c'est l'intention qui compte, lorsqu'on veut plaire au ministre, c'est l'effort qui compte – à plus forte raison lorsque l'effort est accompagné de cadeaux.

Mais les exploitants forestiers sont bien sûr libres de faire la chasse aux autres "exemptions", éventuellement moins chères. Comme l'interdiction d'exportation ne s'applique évidemment qu'au bois camerounais, une option reste tout à fait ouverte : soudoyer les douanes pour l'émission de faux certificats d'origine. Le prix évoqué pour changer l'origine du bois camerounais est de 10 000 FCFA par mètre cube. Le fait que les sociétés

---

73. Lors d'une conférence de presse en mars 1999, à la veille du Sommet des chefs d'État sur la conservation, le ministre de l'Environnement a déclaré que l'exportation des essences secondaires doit être encouragée afin d'éviter les pénuries « *quand il n'y a plus de bubinga* ».

françaises fassent des affaires des deux côtés de toutes les frontières forestières camerounaises ouvre la voie à d'autres possibilités[74]. Deux mois après la parution du décret sur l'interdiction de l'exportation, *La Nouvelle Expression* constatait froidement : « Aussi paradoxal que cela puisse paraître, les statistiques de la Société d'exploitation des parcs à bois du Cameroun (SEPBC) relèvent une reprise du volume de bois stockés au moment où le gouvernement camerounais s'active à réduire l'exportation des billes de bois en l'état[75] ». Bien que l'empilement de cubes de bois débité occupe seulement une fraction de la surface requise pour stocker des pyramides disgracieuses de grumes, les surfaces de stockage dans le port de Douala ont *triplé* depuis le passage de la Loi forestière, il y a six ans[76].

Environ un mois après l'étouffement de la loi interdisant l'exportation des grumes, Jacques Chirac arrivait au Cameroun

74. En République centrafricaine, le financier français Jean-François Hénin, ancien dirigeant flamboyant de la filiale *Altus* du *Crédit Lyonnais*, s'est vu attribuer 300 000 ha de forêt en 1999. (Hénin, lié à la congrégation catholique réactionnaire *Opus Dei*, est présent dans le secteur du bois en Birmanie à travers les sociétés *Ober* et *Yangon Wood Ltd.*, et au Congo-Brazzaville sous le nom de STCPA ; il possède un bloc pétrolier offshore dans ce dernier pays en partenariat avec un certain Gilbert Dupin, nouveau propriétaire de l'Hôtel (et casino) Mbamou Palace à Brazzaville. Il est poursuivi en justice aux États-Unis pour le rachat d'un assureur américain, en violation de la loi fédérale interdisant aux banques d'être impliquées dans des activités non bancaires).

Au Congo, la firme *Rougier* fait partie des quelques sociétés qui se sont accaparé, au printemps 1999, 2 millions d'hectares de forêt – soit l'ensemble de la partie nord-est du pays.

75. *La Nouvelle Expression*, 13/08/1999. Un autre décret est encore paru en octobre. Cette fois, le sapelli était sur la liste des essences interdites. En mai 2000, la valeur marchande (FOB) des grumes camerounaises de sapelli continuait d'être indiquée chaque semaine dans la revue *Marchés Tropicaux et Méditerranéens*. Les valeurs des grumes de ngollon, sipo, bibolo, et doussié – toutes également interdites – apparaissaient aussi.

76. Étant donné leur rôle dans la restructuration portuaire mandatée par la Banque mondiale et leurs alliances avec les Libanais, les Français doivent être au courant du mystère des dépôts à Youpwé. En 1995, le ministre de l'Administration territoriale Andzé Tsoungi a refusé d'accorder l'espace aux nationaux camerounais, sous prétexte qu'il était réservé aux pays de l'UDEAC n'ayant pas de façade maritime. Depuis lors, peut-être sous la pression du syndicat des transporteurs de Sime (la SNTRC), les dépôts hors taxes ont été attribués aux Libanais du Cameroun. Quel pourcentage des importations stockées dans ces dépôts est effectivement acheminée vers les pays de l'UDEAC ? Quelle est la valeur annuelle FOB des *exportations* qu'ils contiennent ? Composées de quels produits ? Venant de quel(s) pays ?

en visite officielle. Cette visite avait été reportée plusieurs fois, apparemment à cause d'une guerre en Europe. Combien d'argent le Rassemblement pour la République (RPR), le parti de Chirac, peut-il s'attendre à recevoir en contributions de l'industrie française du bois tropical pour sa campagne électorale de 2002 ? La question, trop vulgaire, n'a pas de réponse connue. Pendant les mois précédant le week-end fatidique du déplacement élyséen, le régime de Biya s'est épuisé à astiquer les quartiers des trois villes que le président français était susceptible d'entrevoir depuis son cortège. En fin de compte, la mort du roi Hassan II du Maroc, un potentat encore plus apprécié que Biya par les décideurs de la politique étrangère gaulliste, a réduit la visite à une seule journée. Douala et Garoua furent éliminées du programme. L'embellissement de Douala, où Chirac était censé passer exactement trois heures et demi, aurait coûté 700 millions de FCFA aux contribuables camerounais. Le remaquillage de Yaoundé – tout ce qui était commercial fut repeint en jaune et le génie militaire fut finalement dépêché pour retaper les nids de poules les plus visibles – aurait coûté tout autant. En ajoutant Garoua, l'opération entière aurait atteint quelques milliards de FCFA. L'équipe de Biya se plaint constamment du manque de ressources. Le budget annuel du ministère de l'Environnement et des Forêts pour 1999-2000 était de 2,3 milliards de FCFA...

Chirac voyageait, il va sans dire, avec une petite armée d'hommes d'affaires. Parmi les dirigeants de sociétés privées, on ne comptait pas moins de trois représentants de *Bolloré-Technologies* (dont son vice-président, l'ancien ministre de la Coopération Michel Roussin) et un de chacune des sociétés suivantes : SGS (contrôle du bois dans les ports), *Lafarge* (actionnaire principal de *Cimencam* et partenaire de l'UTC) et *Sogea-Satom* (routes forestières). Un dénommé Gérard Parfait de la discrète firme de bois *Interforêt* se trouvait aussi dans l'entourage. Les affaires entre Parfait et Hazim ne sont probablement pas insignifiantes. La scierie de ce dernier à Douala est bâtie sur l'ancien site de l'usine *Defombelle*, partenaire d'*Interforêt*. *Interéquipement*, filiale d'*Interforêt* représentée à bord de l'avion de Chirac par son directeur général Alain Taris, est une société qui exporte à la fois du matériel médical (du type utilisé par la Fondation Chantal Biya ?) et des pièces détachées pour l'équipement forestier[77].

Deux jours avant l'arrivée de Jacques Chirac, les bureaux du journal indépendant camerounais le plus sensible aux problèmes d'environnement, *Mutations*, furent cernés par dix gendarmes fortement armés. Sans commission rogatoire, ils arrêtèrent le journaliste Christophe Bobiokono. Celui-ci venait décrire un article intitulé *Je suis dans les marchés ! Les marchés publics font courir un monde fou*, exposant certains contrats de construction et de sécurité privée octroyés par le gouvernement au fils du ministre des Finances. Pendant la détention de Bobiokono, un interrogateur avunculaire lui a offert un morceau de sagesse villageoise, traduit du Bulu. Il demanda au journaliste de réfléchir à la question rhétorique suivante : « *En t'attaquant à un grand, tu comptes sur quoi ?* ».

Quelque 24 heures plus tard, à un dîner d'État donné en son honneur, Jacques Chirac levait un toast à son hôte : « *Vous poursuivez la construction d'un État au service du bien commun, respectueux des libertés, sans cesse plus juste, plus équitable, plus soucieux de partager entre tous les fruits de la croissance*[78] ».

L'odeur du sang

Parmi les habitants les plus malheureux de la forêt camerounaise et ceux qui ont reçu de loin le plus d'attention des médias, figurent les éléphants, les chimpanzés et les gorilles que

77. Quel fut le rôle de l'intermédiaire favori de Biya auprès de Chirac, Olivier-Clément Cacoub, dans la programmation du voyage présidentiel ? Les chefs d'œuvre de ce riche architecte d'origine tunisienne comprennent, outre le palais d'Etoudi à Yaoundé, le siège social à Nanterre de la société de travaux publics *Dumez* (dont l'ancien "Monsieur Afrique" André Kamel était l'un des principaux corrupteurs au sud du Sahara – ce qu'il a admis devant la justice française),deux palaces présidentiels en Tunisie, la Maison du Parti à Yamoussoukro en Côte d'Ivoire, le Monument aux Héros nationaux à Kinshasa – ainsi que le Marché Saint-Germain à Paris. Tendant au gigantisme, Cacoub vit avenue d'Iéna à Paris, à une minute de l'Arc de Triomphe. Il serait intéressant de savoir qui était son client pour un ensemble appelé « Del Sol Monte Carlo ».

78. De quel pourcentage le prix des journaux indépendants au Cameroun serait-il réduit et leur circulation augmentée si le pays, le plus grand producteur de bois en Afrique (et, selon le rapport de *Reporters sans Frontières* de 1997, le pays d'Afrique francophone le plus dangereux pour les journalistes) n'importait pas la totalité de sa pâte à papier – à un coût d'environ 25 milliards de FCFA ?

les forestiers utilisent pour nourrir leurs employés et leurs familles. Le rôle crucial des routes forestières dans l'élimination des formes les plus brillantes de la biodiversité est reconnu depuis longtemps. Les grumiers – transporteurs de viande 24 heures sur 24 vers Yaoundé et Douala – facilitent la vie aux chasseurs professionnels qui s'abattent par hordes dans la forêt. Les autorités locales et les militaires regardent dans l'autre direction – lorsqu'ils ne sont pas eux-mêmes en train de passer les commandes et/ou de distribuer des armes.

Une conférence anti-braconnage de deux jours, organisée hâtivement en août 1999 par le MINEF à la requête de l'Union européenne, s'est avérée un bijou de propagande camerounaise. Les conférenciers élucubrèrent sur l'effroyable « complexité » du problème et firent de grands détours pour ne pas utiliser le terme « exploitation forestière ». Un ou deux des participants les plus vaillants firent référence au rôle des militaires dans le carnage – mais les cinq commandants de Légion invités se contentèrent de sourire largement derrière leurs lunettes de soleil. Les représentants de plusieurs ONG internationales exprimèrent leurs préoccupations les plus sérieuses et remplirent le très beau Palais des Congrès de platitudes bien payées. Pas un seul forestier expatrié n'était présent.

Trois semaines plus tard, un diplomate nord-coréen était arrêté à l'aéroport de Nairobi en possession de 700 kilos d'ivoire camerounais.

Six mois avant le séminaire musclé, le MINEF avait déjà effectué, semble-t-il, un peu de recherche sur la connexion entre l'exploitation forestière et le braconnage. Mais il avait choisi de garder pour lui seul les résultats. En février 1999, une enquête dans le département de Boumba-et-Ngoko (qui produit environ 40 % du bois du pays), conduite en collaboration avec l'agence allemande pour le développement (GTZ), a trouvé pas moins de 822 armes dans la région – dont 705 (86 %) étaient détenues illégalement. (On peut se demander bien sûr pourquoi quelqu'un déclarerait détenir une arme non enregistrée). Le rapport signale poliment que, lors d'un recensement officiel dix ans auparavant, il fut découvert deux fois plus d'armes détenues légalement qu'en 1999. Donc le nombre réel des armes en circulation, légales et autres, n'est pas de 822 mais de plusieurs fois ce chiffre – dans une région de seulement 70 000 habitants, dont la moitié sont des enfants. Une part impressionnante des armes montrées aux enquêteurs (76 %) provenait du Congo, dont la frontière incontrôlée avec le Cameroun est riche des essences de bois les plus prisées par les forestiers.

L'étude est un peu pudique à propos des détenteurs de ces armes : qui sont-ils ? Mais la GTZ, qui travaille directement dans le poste forestier de Yokadouma, n'a pas l'habitude d'appeler un chat un chat. (En octobre 1997, pour la campagne de réélection de Paul Biya, les Allemands avaient mis leurs prodigieux véhicules 4x4 à la disposition du parti au pouvoir. Les militants du RDPC les tapissèrent d'affiches et d'autocollants sur lesquels on pouvait lire : « Paul Biya : le meilleur choix », tout en laissant les drapeaux allemands visibles sur les portières. En 1999, l'Allemagne, grand acheteur des grumes camerounaises, a fourni pour 335 millions de FCFA d'équipement médical à l'armée de ce pays). Sur les douze secteurs investigués, les plus armés étaient les concessions forestières françaises. Sur les 27 armes examinées à Lokomo, à la scierie de la SEBC (filiale du groupe *Thanry*), une appartenait à « un paysan », et une autre à « une autorité traditionnelle ». Les 25 armes restantes étaient la propriété de « personnes d'autres groupes sociaux », une circonlocution sûrement utilisée pour désigner les employés de la société.

Sur les 146 armes trouvées à la scierie de Vincent Bolloré, la SIBAF, 146 étaient illégales. Quarante d'entre elles étaient en possession « d'autres groupes sociaux[79] ». Vincent Bolloré,

---

79. Une étude de 1998 établissait : « Les effets de la crise congolaise n'ont pas eu un impact quelconque à Kika où on trouve un nombre considérable de chasseurs. [ ] Ce sont d'anciens travailleurs de la SIBAF [ ] ou des gens venus chercher des emplois sans succès [ ] et qui [ ] se sont installés dans la forêt pour pratiquer la chasse, ils en ont fait leur principale source de revenus. Ce sont aussi les braconniers congolais. [ ] Toute la pointe sud du site entre Socambo et Mongokélé est vide d'animaux. [ ] Les autres chasseurs sont dispersés le long des pistes forestières ouvertes pour le débardage [ ] et pour desservir la base de la société. [..] Les vendeurs [..] évacuent *[leurs]* produits à l'aide de camions grumiers qui transportent le bois [..] vers la base de Kika, ou alors [ ] qui acheminent le bois vers le Port de Douala. Ces conducteurs pratiquent eux-mêmes le commerce de gibier qu'ils acquièrent à des prix dérisoires, [ ] ils sont aussi parfois propriétaires de câbles, d'armes, de munitions ou d'autres gadgets qui encouragent les chasseurs à résister aux pressions des gardes chasse. Kika dispose ainsi d'un grand

rappelons-le, possède à peu près tout ce qui au Cameroun est susceptible de générer un bénéfice : le chemin de fer qui transporte du bois, les équipements de chargement dans les ports, les plantations d'huile de palme, l'industrie de la cigarette. Les enquêteurs furent troublés par le fait que les armes clandestines étaient entre les mains de ce qu'ils appelèrent « les personnes à moralité incertaine ». La question est plus large : entre quelles mains se trouve l'industrie forestière au Cameroun ?

Prendre l'initiative

Selon la même enquête, hormis les concessions forestières, le secteur le plus passionné d'armes était les 50 km de route entre Yokadouma et Mboy II, à la frontière centrafricaine : 114 armes recensées. En 1997, une bande de forestiers malaysiens, en charge d'une société appelée SESAM, a transformé le tranquille village traditionnel de Mboy en une station boueuse pour camions, pourvue d'un poste de police, de prostituées, de criminalité, et d'un nouveau problème d'alcool. Il faut bien que les villageois boivent *quelque chose* : la source dont ils dépendaient pour leur eau potable fut rendue insalubre après que les Malaysiens eurent remblayé le marigot dans lequel elle s'écoulait. En réalité, la SESAM ne coupait pas des arbres au Cameroun, mais dans la réserve naturelle de Bayanga, en Centrafrique. Elle avait besoin d'une route à travers Mboy pour évacuer son bois jusqu'à Douala.

Les Malaysiens, semble-t-il, n'étaient pas seulement malaysiens. En 1993, dans un mémo interne du ministère français de la Coopération, Michel de Verdière, sous-directeur du Développement rural, s'élève de manière véhémente contre une proposition allemande d'arrêter l'exploitation forestière dans la réserve de Bayanga. Il rappelle que la Caisse française de développement (CFD, aujourd'hui Agence Française de développement),

---

marché de vivres où sont exposées tous les jours des quantités énormes du gibier. [ ] Ce sont les activités de la SIBAF qui favorisent le commerce du gibier dans ce secteur où les ravitaillements sont insuffisants (pas de chambre froide, pas de poisson). Si la société venait à fermer, l'activité de chasse [ ] disparaîtrait progressivement » (Lucie Zouya-Mimbang, *Les circuits de commercialisation des produits de chasse dans le sud-est Cameroun*).

Le chasseur le plus célèbre dans la concession de la SIBAF est Valéry Giscard d'Estaing.

a financé « le démarrage » de la noble tâche de la SESAM, puis il évoque le souhait de ses experts en développement « de monter avec elle un projet d'aménagement pilote intégré (API)[80] ». Le projet allemand, qualifié d'« extrémiste » par de Verdière, visait « la mise en protection totale de toute la zone avec pour conséquence immédiate l'arrêt de toute exploitation forestière *[Dieu nous pardonne]*, assimilée à une opération de destruction de la forêt *[Imaginez !]*, et donc l'arrêt des activités de *Slovénia-Bois* et de SESAM par la suppression de leurs permis ». Après avoir suggéré que le projet français API soit étendu sur toute la réserve à l'extérieur d'un noyau d'interdiction de coupe, il conclut : « Cette proposition nous permettrait de reprendre [...] l'initiative en matière de concept d'aménagement intégré et de démontrer implicitement les faiblesses de l'approche anglo-saxonne dans ce domaine ». Implicitement, vive la France !

Dans un numéro de 1998 de la revue *Bois et forêts des tropiques*, un graphique montre que le nombre de très gros sapellis (plus de 150 cm de diamètre) dans la région de Salo (la base de SESAM) était exceptionnellement élevé au milieu des années quatre-vingt-dix[81]. En ce qui concerne la partie septentrionale de la concession Dimako de la SFID – où se trouve le plus connu des projets API de la CFD – le nombre de sapellis était, six ans après son démarrage en 1992, exceptionnellement bas[82].

La République française, coloniale et néocoloniale, fait montre depuis longtemps d'une grande tolérance envers la prostitution d'enfants dans ce qu'on appelle, de manière optimiste, le monde en voie de développement. Soit par tristesse d'être éloigné de chez soi, soit par jubilation de violer la terre, les

80. La Caisse s'est laissé prendre dans un engrenage. Les Centrafricains étaient prêts à ce moment à octroyer une autre concession à une société yougoslave, *Slovénia-Bois* : « La CFD a été sollicitée par Slovénia-Bois pour un financement de démarrage (requête soutenue à l'époque par notre ministre) qui a été finalement accordé par les actionnaires suisses. Une demande de financement d'accompagnement est actuellement à l'étude » Le projet de la SESAM a coûté 12,6 millions de FF aux contribuables français.

81. *Bois et Forêts des Tropiques*, n° 257.

82. En octobre 1999, la Banque mondiale et le gouvernement de Malaisie ont organisé un *Africa-Asia Business Forum* à Kuala-Lumpur (pour lequel un bureau de promotion était installé au Cameroun), en vue de « créer un cadre de contact et de négociation entre les opérateurs économiques privés de l'Afrique et de l'Asie *[et]* d'établir des relations d'affaires suivies et durables entre les deux communautés ».

forestiers de SESAM prirent sur eux de baiser à peu près tout ce qui bougeait – le plus jeune étant le mieux. Un entremetteur (et micheton) français atteint de calvitie, employé de la SESAM, aplanit les problèmes provenant de l'absence de tarifs de prostitution fixes. Sa fonction secondaire semble avoir été de se faire des amis à tous prix chez les autorités locales.

Les murs ont des oreilles

Un domaine dans lequel les Français au Cameroun sont de loin hors concours, c'est la collecte et l'analyse des informations. En 1998, la France a dépensé 15 millions de FF pour l'opération Aramis, qui occupa 67 militaires français à « des activités de renseignement, la réorganisation du commandement de l'armée camerounaise, un soutien logistique et de l'entraînement[83] ». Les Français savent combien d'armes ont traversé clandestinement les 350 km de frontière entre le Congo et le Cameroun, et combien il y en a dans et autour de leurs concessions forestières. Ils savent exactement ce que contiennent les conteneurs scellés (mentionnés "sapelli" sur les bordereaux de transport) que les chauffeurs de l'UTC trouvent prêts à être chargés en plein milieu de la concession de la SEBC de *Thanry*, loin de la scierie la plus proche. Est-ce une coïncidence si l'une des sociétés libanaises, qui selon les rumeurs est impliquée dans le trafic d'armes, exporte du bois vers la Libye ? Les Français le sauraient[84]. Ils sauraient pourquoi en juillet 1999 les douanes de Bertoua commencèrent soudainement à bloquer le passage de conteneurs destinés au Tchad ; ces conteneurs appartiennent à la société italienne *Alpicam*, laquelle a exporté 1 700 000 dollars de bois vers la Libye depuis 1995.

Les Français savent, ou ils sauraient s'ils le jugeaient nécessaire, qui sont les « fabricants de munitions » auxquels fait

83. *LdC*, 03/12/1998.
84. Les sociétés françaises ont elles aussi expédié d'importantes quantités de bois vers la Libye dans les années quatre-vingt-dix (*Thanry* : 7 303 m^3 pour 855 988 500 FCFA ; *Bolloré* : 6 692 m^3 pour 493 705 500 FCFA). Lorsqu'il a visité la SIBAF, onze longues années après l'attentat contre le vol PanAm 103 au-dessus de l'Écosse, le prince Philip – duc d'Edimbourg – n'était-il pas au courant des livraisons de bois de *Bolloré* à Kadhafi ? L'UTC a transporté plus de 12 000 m^3 de bois (d'une valeur de 2,3 millions $) destiné à la Libye. Rappelons que le régime libyen est un allié stratégique de la Françafrique (cf. François-Xavier Verschave, *Noir silence*, Les Arènes, 2000, p. 346-350).

référence *La Nouvelle Expression* en les identifiant comme « tous expatriés » ; leur atelier à Bertoua, capitale de la province de l'Est, a fait l'objet d'une descente de la gendarmerie au début d'août 1999[85]. Ils savent ou sauraient pourquoi aucune des nombreuses sociétés forestières opérant dans la province de l'Est (d'où provient environ 50 % de la production nationale de bois) n'a son siège dans la capitale provinciale. Ils savent ou sauraient quel pourcentage de voitures de luxe et de véhicules 4 x 4 volés à Douala et à Yaoundé passent par Bertoua en route vers la République centrafricaine[86]. Et pourquoi le général Roland Mambou Deffo fut dépêché en août 1999 dans la province de l'Est. Et quelle fut, lors d'une réunion secrète en mai 1998, la teneur des discussions entre ce général bamiléké et l'ambassadeur des États-Unis ; après quoi le premier fut mis sous surveillance par les Renseignements camerounais.

Les Français savent ou sauraient quelles sont les activités commerciales de la société américaine IBSA US *Inc*, siégeant à Melbourne (Floride), dont le capital est de 100 dollars, et qui a estimé nécessaire, en 1999, d'ouvrir un bureau à Douala. Ils savent ou sauraient ce que Jean Heinrich, consultant de *Bolloré* et ancien chef de la Direction du renseignement militaire, a fait exactement pour cette société[87]. Ils savent ou peuvent savoir combien de fois le général Jacques Ricard (ancien chef de poste de la DGSE au Cameroun et chef du service de recherche des services secrets français) a rencontré les principaux opérateurs économiques camerounais dans sa nouvelle fonction de consultant pour *Michelin* – société pour laquelle il installe « un service de veille et d'intelligence économique[88] ». Ils connaissent ou peuvent connaître l'inventaire actuel d'armes et d'ivoire, saisis par les gardes-chasse du MINEF et déposés au zoo des primates à Mvog Bétsi – à côté de la base de la Garde présidentielle, formée et équipée par les Israéliens. Ils auraient au moins une idée du temps passé au zoo par les colonels israéliens qui

85. *La Nouvelle Expression*, 26/08/1999.

86. Et quel pourcentage de voitures reste dans le pays ? « Un ancien député qui en sait long sur le phénomène nous a récemment confié que des voitures volées étaient ensuite vendues dans certains pays voisins, ou à des forestiers de l'est du pays » (*La Nouvelle Expression*, 18/02/2000).

87. *LdC*, 24/09/1998.

88. *LdC*, 26/03/1998.

travaillent à côté, de l'aide que la coopération israélienne a apportée en 1995 à un programme de sédentarisation des Pygmées dans la province du Sud (la base du pouvoir de Biya), et du passé d'Eddy Mendelsohn, le consultant de ce projet, identifié dans un article de *La Voix du Paysan* comme « expert en matière de sédentarisation des nomades[89] ».

Le général Pierre Sémengué, chef d'état-major général des armées, officier le plus gradé des forces armées camerounaises et heureux gagnant en 1998 d'une forêt dans la province du Sud, a eu toutes les opportunités de nouer des relations avec les espions français de l'opération Aramis. Sémengué a la responsabilité personnelle de trier sur le volet chaque année les 300 à 500 membres de la Garde présidentielle. Ce qui soulève une question : quels sont ses rapports avec les Libanais de Charles Pasqua, pas particulièrement bien disposés à l'égard d'un colonel israélien qui joua un rôle majeur dans l'invasion de leur terre natale en 1982 ? À l'automne 1999, la reviviscence des troupes de Sémengué par les Français a commencé à porter ses fruits.

> « C'est le 14 octobre à 13 h que la CRTV-Radio camerounaise a rendu public un arrêté du Premier ministre annonçant l'expulsion du colonel Samy Bar. Ce membre de Tsahal, l'armée israélienne, était accusé d'importer frauduleusement des marchandises sous couvert de la garde présidentielle qu'il encadrait. Cette activité parallèle aurait été conduite en "compagnonnage" étroit avec plusieurs officiers camerounais, dont le colonel Titus Ebogo (ancien commandant de la GP aujourd'hui à la retraite) et son fils, le commandant Gabriel Mbida, limogé et affecté à Koutaba. [...] Très proche dans le temps de Titus Edzoa, *[Bar]* avait même habité l'immeuble de l'ancien secrétaire général de la République. [...] C'est de cette position stratégique qu'il déployait son activisme en compagnie d'un jeune grec nommé "Monsieur Nicolas" (propriétaire de la boulangerie Selecte). C'est sans doute une dernière importation d'armes qui a perdu Samy Bar. [...] Il faut dire que pendant longtemps la présidence oubliait parfois de rémunérer les "encadreurs" israéliens qui se "payaient" sur la loterie nationale, à l'époque où elle était également sous contrôle… israélien[90] ».

Un soir du mois d'août – vers 3 heures – la boulangerie *Sélecte*, ouverte 24 heures sur 24, fut braquée par un certain nombre d'hommes armés. Les caisses étaient vides.

---

89. *La Voix du Paysan*, 09/1995.
90. *LdC*, 28/10/1999.

Pallisco

Au début de l'année 1998, la société forestière *Pallisco* (filiale des *Menuiseries Pasquet*) a conclu un arrangement avec le vieux général Asso'o Emane, qui a passé les 40 dernières années dans l'armée. La société "forestière" du général, *Avembe International Co* (AVEICO), a à sa tête son fils Jean-Claude. Qu'a-t-elle gagné en échange du droit d'exploiter son UFA n° 10041 ? Pour la vente aux enchères de 1997, l'offre d'AVEICO était classée en sixième place en termes financiers, avec le minimum requis par la loi (1 500 FCFA/ha), et en sixième place selon les critères techniques. Au printemps 1999, les Français exploitaient déjà allègrement trois assiettes de coupe dans la concession du général, bien que le décret d'application de la loi de 1994 n'autorise qu'une seule assiette de coupe pendant les trois premières années d'exploitation, le temps pour les sociétés attributaires de développer leurs plans d'aménagement[91].

Le compte rendu d'une réunion d'information tenue à Lomié le 20 avril 1999 pour discuter des obligations fiscales du général envers la communauté méconnaît la Loi. *Pallisco* s'est vu octroyer le droit de couper *deux* assiettes de coupe par an pour « permettre au concessionnaire de pouvoir financer le plan d'aménagement de cette UFA ». Mais la société ne semble pas particulièrement aux abois. La somme d'argent qu'elle a concédée aux riverains s'est élevée à 35 319 600 FCFA ; l'essentiel de ces « riverains » se limite, semble-t-il, au sous-préfet et au frère du percepteur. Qui d'autre que le général (en uniforme), le préfet du département du Haut-Nyong, le sous-préfet de Lomié et le percepteur était présent à la réunion d'information ?

La Loi de 1994 oblige les concessionnaires à construire une « scierie complète telle que définie dans le dossier de soumission ». Elle ne semble pas en voie de réalisation[92]. Mais les voies de *Pallisco* sont impénétrables. Pourquoi est-ce qu'elle

---

91. Article 67 du décret n° 95/531 du 23/08/1995.

92. L'article 50 stipule que les scieries doivent être installées « dans la région d'exploitation ». Actuellement, 36 des 66 usines de transformation du bois – 47 % de la capacité totale nationale – se trouvent dans les villes : Douala, Yaoundé ou Mbalmayo (Carret). Et 85 % d'entre elles sont des "scieries simples" – c'est-à-dire non destinées à travailler les grumes de meilleure qualité. Ceci en dit long, non seulement sur l'absence de volonté des exploitants d'ajouter de la valeur dans le pays, mais aussi sur leur perception des stocks de bois restant dans la forêt.

semble prendre plaisir à outrager les villageois (la firme a coupé dans la forêt communautaire en projet du village de Medjoh, à la lisière de la réserve du Dja) ?

Les Français ne sont pas les seuls exploitants forestiers avec qui le peu difficile Asso'o fait des affaires. Ses autres partenaires comprennent la sinistre société malaysienne WTK qui, après avoir taillé son chemin en coupant à blanc en Papouasie Nouvelle-Guinée, au Sarawak et au Brésil, se fit attribuer une UFA de 71 537 ha dans le département de Boumba-et-Ngoko[93]. Au moins deux autres sociétés françaises semblent avoir noué des relations intimes avec le "grand capital" d'Asie du Sud-Est. Une part du capital de la SIM, le fournisseur de bois de la géante usine TIB de Rougier à Yaoundé, serait selon une rumeur, asiatique. Et une société, appelée *Vicwood*, basée à Hong Kong, construit actuellement une scierie à Douala en partenariat avec *Thanry*, le plus grand transformateur du bois au Cameroun (320 000 m^3 par an). On dit que la société chinoise est entrée pour moitié dans le capital de *Thanry-Cameroun*.

Thanry

L'inflexible société *Thanry* a un problème d'image en ce moment. Depuis que certaines de ses pratiques violentes furent décrites en 1995 dans une publication de la *World Society for the Preservation of Animals* intitulée *Massacre des Singes*, *Thanry* est devenue une des cibles préférées des écologistes européens. D'autres aspects de ses opérations ont pu être plus facilement dissimulés aux yeux indiscrets. La superficie détenue par une seule de ses filiales, la *Compagnie forestière du Cameroun* (CFC), est de 215 680 ha, selon un document du SIGIF daté du 16 juin 1999. Cela est illégal : la Loi forestière prévoit une amende « de 3 000 000 à 10 000 000 FCFA et un emprisonnement de un à trois ans ou l'une seulement de ces peines » pour « la prise de participation ou la création d'une société d'exploitation forestière ayant pour résultat de porter la superficie totale détenue au-delà de 200 000 hectares…[94] ».

---

93. En juillet 1999, les Malaysiens ont vendu l'UFA à la CFE de Dabadji Khalil (cf. p. 18).
94. Article 158.

Le rapport de visite du MINEF en décembre 1999 dans les concessions des filiales de *Thanry* (SAB, SEBC et CFC) a révélé « une exploitation anarchique sans le moindre respect de la notion d'assiette de coupe. Toutes les limites sont mal matérialisées ». L'inspection a remarqué un « abattage systématique des arbres sous-diamètre, surtout du sapelli ». L'opération de la SEBC à Yokadouma est « un exemple flagrant de violation de la réglementation forestière en vigueur » ; à Kagnol, « aucune planification des travaux d'aménagement n'est possible, la société naviguant à vue ». Ce que les enquêteurs ont vu « remet en cause toute la politique forestière et la gestion durable de nos ressources prônée par le gouvernement ». Reconnaissant les observations de la mission, le responsable de *Thanry* qui a contresigné la citation a écrit, avec douceur : « Nous demandons l'indulgence de l'administration ».

L'administration sait se montrer indulgente[95]. Les documents relatifs aux frais de douane payés en janvier 1999 indiquent que la CFC et trois autres filiales de *Thanry* (*J. Prenant*, SAB et *Propalm*) ont exporté seulement 844 m^3 ce mois là, alors que les statistiques de la SGS montrent qu'ils ont exporté 7 357 m^3 pendant la même période – soit une perte pour le Trésor public de 65 130 000 FCFA pour un seul mois. En 1998, la SAB a-t-elle payé la redevance de superficie pour sa licence n° 1826 de 51 080 ha, sur laquelle elle aurait exploité plus de 100 000 m^3 (campagne 1997-98) ?

Il y a quelque chose de bizarre au sujet de la licence de la CIBC, une autre filiale de *Thanry*. Les 87 540 hectares octroyés à la société au nord de Yokadouma – neuf mois après le vote de la loi de 1994 visant à la suppression des licences – approvisionnent une scierie construite en 1996 à un coût de 2 milliards de FCFA. Même si deux assiettes de coupe furent attribuées en 1998-99 et une autre renouvelée, au moins un document interne du MINEF montre que la licence de la CIBC est dans les limbes : sa validité n'est ni officiellement expirée, ni officiellement prolongée…

95. Il est vrai que la SAB a payé 75 566 250 FCFA de redevance pour les autres licences qu'elle a utilisées cette année-là. Mais il serait amusant d'entendre la société défendre l'idée, universelle parmi les exploitants, que savoir ce qu'il est advenu de l'argent n'est pas de son ressort.

La plus ancienne filiale de *Thanry*, la SEBC, achète des équipements à une société appelée *Timber and Tyre Products Ltd* (TTP). Les factures indiquent que celle-ci est établie à Dublin et qu'elle garde son argent au *Crédit foncier de Monaco*, 11 boulevard Albert 1er. Une publicité parue dans *Marchés Tropicaux* en 1997 présentant le fongicide *Cryptogil* (à base de pentachlorophénol) indique que TTP est le distributeur camerounais. Mais la publicité indique aussi que le siège de la société est à... Monaco – 27 boulevard Albert Ier. Il serait surprenant que M. Van Vuuren, l'un des deux directeurs de TTP, soit Irlandais, mais on ne peut en dire de même du représentant de *Thanry* à Douala, un dénommé M. O'Jeanson[96].

Bien que les effets à long terme du *Cryptogil* sur la flore et la faune tropicale ne soient pas étudiés, il n'est pas trop difficile de les deviner. Des flaques du produit ont été observées sur le sol des chantiers ; les oiseaux se repaissent des insectes sur les grumes abondamment badigeonnées avec cette substance. Les factures indiquent que TTP a livré 16 000 litres de *Cryptogil* d'origine américaine et française à la SEBC en décembre 1994, et encore 8 000 litres d'origine française en juillet 1995. Il ne doit pas falloir longtemps pour que ce qui est jeté dans la rivière Lokomo, au bord de laquelle est située la scierie SEBC, atteigne la Boumba, principale voie d'eau à l'Est, qui se jette dans le Ngoko, puis la Sangha, et finalement dans le Congo.

Si la SEBC exporte quelque 36 000 m³ par semestre (le temps requis pour épuiser la livraison de *Cryptogil* de décembre 1994), quel pourcentage des quelque 5 millions de litres utilisés depuis 1995 pour enduire une production totale de 12 millions de m³ a-t-il rejoint les rivières ou pénétré les nappes phréatiques du pays ?

---

96. La Sainte-Trinité France-Monaco-Cameroun doit être comprise en fonction de la bienveillance du prince Rainier, des besoins illimités de la Fondation Chantal Biya et du grand confort du système bancaire français. Mais les autres acteurs sont toujours bienvenus, à leurs propres risques :

> « La Cour d'appel de la principauté de Monaco a confirmé le lundi 16 novembre *[1998]* la condamnation à 12 ans de réclusion pour "détention de fonds provenant du trafic de stupéfiants" du ressortissant israélien Moshe Binyamin. Le prévenu avait fini par avouer que les 5,5 millions de dollars qu'il avait déposés à la banque Edmond de Rothschild de Monaco provenaient d'un trafic de 800 kg de cocaïne entre la Bolivie et les Pays-Bas. [ ] Ce dossier est à l'origine de tensions entre le gouvernement français et Son Altesse Sérénissime le prince Souverain Rainier III, le système bancaire de Monaco étant contrôlé par la Banque de France ». (*Le Monde*, cité par *La Dépêche internationale des Drogues*, 12/1998).

Rougier

La société *Rougier* est plus connue en France que *Thanry*. Au début des années quatre-vingt-dix, les écologistes français portèrent à l'attention du public que Jean-Christophe Mitterrand, fils de François et à l'époque conseiller spécial de l'Élysée pour les Affaires africaines, était actionnaire de la filiale camerounaise du groupe, la *Société forestière et industrielle de la Doumé* (SFID), au moment même où elle expédiait des forêts entières de bois à Paris pour la construction de la nouvelle Bibliothèque nationale.

Au Cameroun, la société a récemment gagné la réputation d'avoir une sécurité négligente. En décembre 1998, l'avion transportant la paie mensuelle des employés de la scierie de la SFID à Mbang fut braqué. Les malfaiteurs filèrent avec 75 millions de FCFA. Personne ne semblait trop préoccupé par le fait que 75 millions de FCFA représentent quand même beaucoup, selon les standards camerounais, pour la paie de 500 employés. Il ne fut jamais clairement expliqué comment la police en vint à identifier l'endroit dans la forêt où le butin était enfoui, ou quel rôle jouèrent les responsables de la SFID et de l'ambassade de France dans l'enquête policière ; ou quel rôle joua la police dans l'enquête policière. Il sembla quelque peu étrange à certains que les braqueurs, suffisamment rusés pour cambrioler un avion, soient à ce point idiots pour acheter de la bière avec des billets de 10 000 FCFA sans même se préoccuper de récupérer la monnaie. Et quelques sourcils se haussèrent lorsque six mois après le hold-up, Jean-Philippe "Terminator" Vernet, directeur d'exploitation à Mbang, fut licencié sans cérémonie – pour un management jugé apparemment trop peu sympathique :

> « Méprisant ses collaborateurs, les populations locales et le commun des employés de la SFID, Jean Philippe Vernet a licencié à la pelle des employés qui constituaient le socle de cette industrie, en se montrant insensible face à tous les cas sociaux qui se présentaient à lui pour une avance sur le salaire – certains ayant entraîné des décès pour lesquels il a dit "s'en foutre". Conséquence : la production du centre industriel le plus important du groupe Rougier était réduite à presque nulle[97] ».

97. *La Nouvelle Expression*, 14/04/1999. Le 17 juin 2000, le responsable français de *Thanry* à Yokadouma, un certain M. Brucker, a été assassiné par des braqueurs. Cette fois le montant concerné était un pitoyable 10,5 millions de FCFA. La CFC est liée au député du RDPC de la région, ancien infirmier du village de Ngolla 35. La base-vie (logement) des travailleurs de la société ne dispose pas de poste de santé. ../...

Personne n'a été vraiment surpris lorsque, le 28 juillet 1999, des activistes français rôdant dans le port de Nantes trouvèrent dans un chargement de *Rougier* dix grumes de moabi en dessous du diamètre minimum légal. La firme est un pivot du groupe national de travail sur la certification, et serait l'une des premières à recevoir de ce groupe le label vert d'approbation. Si ses pratiques sont un peu tordues, nombre de ses partenaires sont un peu louches. En 1998, en collaboration avec la société italienne *Dassi*, *Rougier* a construit à Yaoundé la scierie TIB, d'une valeur de 7 milliards de FCFA. TIB a reçu le statut de point franc industriel par arrêté n° 148 du 22 septembre 1999. Mais à quel moment a-t-elle été exemptée de payer les taxes d'importation sur l'équipement qu'elle avait déjà installé[98] ? Cliente de *Khoury* (SABM) et du neveu du Président (COFA), TIB a reçu 3 600 m^3 de bois en 1999-2000, sur une licence n° 1839... expirée en décembre 1998.

Le graissage des pattes au village serait un des vrais domaines d'expertise de *Rougier*. Même si le maire de Dimako, où se trouve la scierie principale de la SFID, est lui-même un exploitant forestier, la compétition entre lui et la SFID semble tout sauf féroce. Le budget de 1998 de la commune de Dimako ne contient, apparemment, aucune trace des taxes forestières que le maire est censé avoir déposées. Une autre société qui opère localement, la *Société forestière de Doumé-Dimako* (FODDI), s'est vu octroyer une vente de coupe en 1996. Étrangement, sur les 2 500 hectares qu'elle a reçus, 2 499 étaient situés à Doumé, selon un document du MINEF, et un seul à Dimako. Question : à quelle commune sont payées les taxes ? Il se murmure que Jean-Christophe Mitterrand est aussi impliqué dans les affaires bananières de la *Société des plantations de Njombé-Penja* (SPNP)

Tuer un Français pour 105 000 FF ? À qui profiterait le retrait des Français du secteur bois ? En 1998, le receveur de la poste de Yokadouma, qui perçoit les taxes forestières de la commune, était abattu. Yokadouma se trouve à 50 km de la frontière centrafricaine.

98. Jouissant de ce statut, elle bénéficie également d'une exemption d'inspection douanière des importations au port, de la "flexibilité" d'embauche et de licenciement, d'une exemption des lois sur la sécurité sociale et de l'octroi automatique de permis de travail pour le personnel expatrié. 44 % de l'investissement total dans la transformation du bois au Cameroun se fait en zones industrielles franches, juridiquement hors du territoire national (Carret).

que dans les affaires de bois de *Rougier*. Une autre vente de coupe de 2 500 hectares, accordée à la *Société d'exploitation forestière et industrielle du Littoral* (SEFIL), connaît le même curieux découpage : 2 499 hectares sont situés sur la commune de Mbanga, et un hectare sur une autre commune, riveraine des plantations. L'un des deux techniciens misérablement payés par le MINEF à Lomié, responsable du contrôle d'au moins 30 000 ha de ventes de coupe exploitées par la SFID et Hazim, a offert d'acheter un 4x4 vendu par une ONG locale, au prix plancher de 4 millions de FCFA.

Rougier se plaît à opérer à travers une myriade de sociétés-écrans. Plusieurs des ventes de coupe que ce groupe exploite en affermage à des compagnies éphémères ont tendance à être renouvelées – en dépit de la Loi forestière. L'article 45 spécifie : « Dans les forêts domaniales de production, les ventes de coupe [...] sont attribuées [...] pour une période maximum d'un an non renouvelable ». Et l'article 55 : « Dans les forêts du domaine national, les ventes de coupe sont attribuées [...] pour une période de trois ans non renouvelable ».

Mais *Rougier* pousse beaucoup plus loin la plaisanterie. La "récupération" du bois – définie par la loi comme étant l'abattage des arbres pour laisser place à des projets de développement déterminés, sur une superficie fixée à l'avance, ou l'enlèvement des arbres détruits par des calamités naturelles –, est devenue un des tours de passe-passe favoris pour les Français rusés[99] et les forestiers de toutes couleurs. Elle permet d'extraire des millions de francs de bois de la forêt sans payer aucune taxe. Le ministre Naah Ondoua a ingénieusement interprété la Loi afin de s'autoriser à vendre aux enchères quelque 200 permis de "récupération" aux sociétés qui promettaient solennellement de contribuer au développement du village immédiatement après leur travail achevé. Dans la plupart des cas, il semble que les forestiers ne furent même pas obligés de spécifier quels projets ils avaient en tête. Et curieusement, les 77 projets octroyés pour la récupération du bois en

99. Y compris TIB, *Cambois*, la SOFIB, *Lorema* et *Medou Djemba*, dépendant de *Rougier*, ainsi que *J. Prenant*, filiale de *Thanry*.

1999 dans la province du Sud et du Littoral requéraient tous de couper exactement 1 000 ha de forêt – ce qui est le maximum permis selon la décision n° 0331 du MINEF de mai 1998 [100]. Pourquoi le projet de BTA, la “mise en place d'un puits avec pompe mécanique” dans le village de Ndoksom, nécessitait-il le déboisement de 1 000 hectares de forêt ? Nécessitait-il le déboisement d'un seul hectare de forêt ?

Les gros exploitants français aimaient bien cette idée du ministre Naah Ondoua : une législation visant à empêcher le gaspillage d'une ressource naturelle serait bien mieux utilisée si elle pouvait les aider à ajouter une source supplémentaire d'approvisionnement pour leurs usines, en plus des concessions « gérées de manière durable ». Les remarques explicatives du ministre à propos de la récupération de TIB manquaient de ses habituelles circonvolutions : « Avis favorable à TIB : transformateur [101] ». Le ministre, toujours soucieux des résultats financiers de l'industrie, fit preuve d'initiative en recommandant que l'école proposée par un exploitant au grand cœur soit construite en « matériaux provisoires, au regard du potentiel possible ». La société offrit aussi d'ajouter un terrain de football et même des équipements sportifs – ces derniers ne nécessitant pas la coupe d'un seul arbre.

Une firme du nom de *Susan et Sammy*, dont une des offres avait été refusée parce qu'elle ne présentait « aucun projet », s'en vit octroyer une autre qui incluait la « réhabilitation des pistes de la zone de récupération ». Autrement dit : retaper les pistes nécessaires pour évacuer le bois qu'elle récupère pour la réhabilitation des pistes sur lesquelles elle l'évacue. Au Cameroun, il faut décidément beaucoup de bois pour faire du développement “à petite échelle”.

En juillet 1999, ces supercheries furent exposées. Après avoir émis des permis de récupération juste trois mois auparavant, le ministre fut obligé d'édicter une décision de suspension

---

100. Dans le Sud, 12 projets sur 46 furent attribués à des sociétés dont les exportations avaient été suspendues en novembre 1998 pour cause d'évasions fiscales ; dans le Littoral, 12 récupérations sur 31 furent accordées à de telles firmes.

101. Ses commentaires à propos d'autres titres étaient également francs : « Avis favorable pour IBC car industriel », « Encourager les petits exploitants », « Transformateur manquant de matière première ».

des attributions futures. Selon l'annonce, cet acte fut motivé par « les abus constatés dans l'attribution » des permis. Quant aux attributions déjà octroyées, leurs détenteurs devaient obtenir un quitus du ministère, signé par le ministre, pour poursuivre leurs activités. Pas d'autres détails. Qu'arriverait-il s'ils ne le faisaient pas ? Qu'arriverait-il s'ils le faisaient ?

Jeux de billes

Hors de l'orbite des grosses sociétés gravitent d'autres amis de la France. Ainsi l'attributaire d'une UFA de 62 389 hectares à Ngato, au sud de Yokadouma, la députée du RDPC Florence Bassa Botiba, construit actuellement une scierie de 800 millions de FCFA, tel que requis par la Loi. Mais son respect de la loi semble se limiter à ça. Pour cette attribution, l'offre de la représentante du Peuple en 1997 était financièrement en dixième place, et en troisième pour les qualifications techniques. Huit mois après l'attribution, les exportations de sa société, la SFCS, étaient suspendues pour cause de non-paiement des taxes.

WWF-Belgique s'est intéressée à un projet pilote d'aménagement et de certification de la concession de l'Honorable Mme Botiba, apparemment subventionné par l'Union européenne. Subvention qui n'a sûrement rien à voir avec le fait que sa partenaire est la firme crypto-française *Forestiers camerounais associés*, dirigée par un certain M. Guiguet. Les contrôleurs du MINEF en visite en décembre 1999 ont révélé une « exploitation illicite sans certificat d'assiette de coupe [...] d'un volume de 3 000 m^3 de bois *[comprenant une essence menacée d'extinction, l'assamela]*, non-enregistrement des bois abattus, abattage sous-diamètre, non-marquage des souches et des billes, non-délimitation de l'UFA ».

La récente liste officielle – et confidentielle – des agréments à la profession d'exploitant forestier contient quelques joyaux. Quelle est l'étendue de l'expérience en foresterie, se demande-t-on, de la *Société commerciale d'alimentation et de poissonnerie* ; ou de Samuel Enam Mba, ancien maire d'Ebolowa, président de la section du RDPC de la vallée du Ntem ; de Thomas Nkono, ancien gardien de but des Lions Indomptables ;

de Dieudonné Angoula, directeur des Postes[102] ; de Ferdinand Koungou Edina, ancien gouverneur de la province du Littoral ; ou de René Doun Owona, ancien vice-président de l'Assemblée nationale ? Est-il possible que l'exploitante enregistrée sous le nom de « Mme Peiffer, née Owona Kesse Christine » (dont la vente de coupe à Edéa fut renouvelée plus de quatre ans après qu'elle eut été attribuée) partage un compte en banque avec Éric Peiffer, administrateur de la *Camrail* de *Bolloré* ? *Afrika Holz* n'est-il pas un nom bizarre pour une société que le SIGIF identifie comme étant camerounaise ? Et qu'en est-il de la société *Filatura Foresta International* ? Pourquoi la société française *Plantes du Cameroun* (Plantecam), qui exploite à des fins médicinales l'écorce du *Prunus africana* dans la province du Sud-Ouest, fut-elle désignée comme société camerounaise, et autorisée à exploiter le bois d'œuvre ?

Mais de toutes les entreprises que le ministre a agréées fin 1998 à l'exploitation forestière (118 en deux semaines de novembre), il y en a une que tous les membres décents du régime Biya connaissaient et vénèrent déjà : *Globauto S.A.*, concessionnaire exclusif des véhicules de luxe Mercedes au Cameroun, au Tchad et en Guinée-Équatoriale. Dans une interview accordée à *Jeune Afrique* en 1997, le directeur général de *Globauto*, Christophe Eken, indiquait que la plupart des 300 millions de FCFA détenus par ses 80 associés étaient entre des mains françaises. À l'excellente question « *Un importateur peut-il vivre en ne vendant que 30 véhicules par an ?* », Eken répondit : « *La diversification des activités est un axe majeur de la politique de Globauto* ». Il ajouta « *Nous préparons l'avenir différemment en progressant dans la diversification* », « *Nous entendons étendre notre gamme d'activités* » et « *Nous allons vers la diversification* ». Le directeur général avait clairement le bois en tête.

Si parmi les membres de la commission interministérielle chargée d'attribuer les UFA, le pourcentage des propriétaires d'une Mercedes – ou de plusieurs – est sans aucun doute élevé,

---

102. Finalement jeté en prison en septembre 1999 pour corruption non liée à l'exploitation forestière.

il l'est plus encore dans les autres branches du gouvernement. Quand la gare routière du centre ville de Yaoundé fut déplacée de 5 km pour décongestionner la seule voie de sortie du cortège présidentiel pour Mvomeka, village natal du Président, *Central Voyages*, une filiale de *Globauto*, fut la seule société de transport par autobus à être exemptée du décret d'expropriation. Elle a été autorisée à poursuivre ses opérations sur son site existant.

Forte du capital français, *Globauto* a cultivé les meilleures relations possibles avec la présidence et les bureaucraties qui l'appuient. Au milieu des années 90, la société a fourni à Biya 50 motos BMW. Et ce fut *Globauto* qui, d'une façon ou d'une autre, convainquit ses patrons en Allemagne d'importer 60 limousines pour le transport des chefs d'État lors du sommet de l'Organisation de l'unité africaine tenu à Yaoundé en 1997. Pourtant, comme Eken s'en vantait plus tard, « *ceci ne s'inscrivait pas dans la ligne de ce que fait Stuttgart d'habitude. Mercedes vend des voitures, elle ne les loue pas* ». Peut-être a-t-il été plus facile de répéter la même opération lors du sommet d'intégration régionale du CEMAC de juin 1999 à Malabo ? *Globauto* a compris que la vente des voitures n'excluait pas leur location aux hommes forts africains. Et que l'importation des voitures ne doit pas exclure la destruction d'une forêt. Comme tout le monde, M. Eken sait désormais qu'au Cameroun il existe très peu d'activités qui s'interdisent de liquider le plus riche patrimoine du pays.